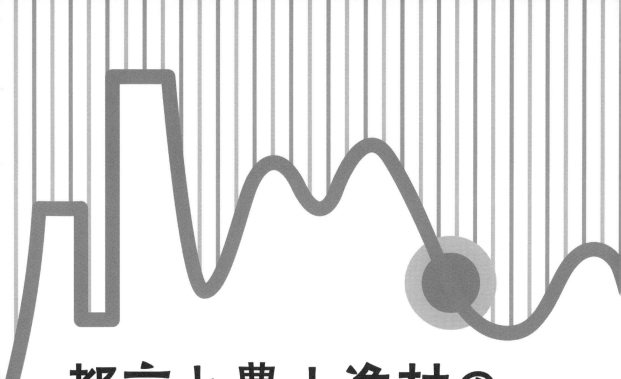

都市と農山漁村の地理学

稲垣 稜 著

古今書院

まえがき

　人文地理学の立場から日本の地域を分析する方法には様々なものがある。代表的なものとして，人文的な諸現象（経済，政治，文化，社会など）を切り口にするものと，地理的位置（東日本・西日本，都道府県など）を切り口にするものが挙げられる。前者は系統地理学，後者は地誌（地域地理学）と呼ばれることがある。これに対し本書は，諸現象でも地理的位置でもなく，都市や農山漁村などを切り口としている。

　都市や農山漁村に関する地理学分野として，都市地理学，村落地理学などがある。これらは系統地理学の一部とみなされることもあるが，系統地理学（経済地理学，政治地理学，文化地理学，社会地理学など）の研究成果をふまえて都市や村落という地域の特徴を明らかにするという点では，地誌（地域地理学）の一部でもある。都市地理学や村落地理学をベースとする本書は，系統地理学，地誌（地域地理学）の両方にまたがる性格を有しているともいえる。

　本書では，各章の最初に概要を述べた後で，2～3の事例地域を紹介する形式をとっている。概要の部分を読むことで，その章で取り上げる事例地域の諸現象の背景を理解することになると考えている。もちろん，関心のある事例地域のみを読んでもらってもその地域について理解できるよう心がけたつもりである。

　本書の出版に際して，『現代社会の人文地理学』，『都市の人文地理学』に引き続き，古今書院の原光一氏には大変お世話になった。ここに記して感謝いたします。

2024 年（令和 6 年）8 月 12 日

稲垣　稜

目　次

【第1部　都　市】

第1章　大都市 ……………………………………………………………… 2

1節　大都市の概要　2

　三都と六大都市／政令指定都市の誕生／大都市の内部構造／ドーナツ化と都心回帰

2節　東京－日本最大都市の都心と副都心　4

　丸の内・大手町－日本最大の中心業務地区／銀座・日本橋－日本最大の繁華街／新宿
　－巨大ターミナルとして発展した副都心／都心回帰

3節　大阪－西日本最大都市の都心と副都心　9

　梅田・大阪駅－鉄道駅開設によって発展したキタの繁華街／難波・心斎橋－地盤沈下
　の進む城下町最大の繁華街／天王寺・阿倍野－大阪南部の副都心／都心回帰

第2章　郊外都市 ……………………………………………………………… 15

1節　郊外都市の概要　15

　郊外の誕生／戦後の郊外化／郊外の成熟化

2節　大阪府寝屋川市－高度経済成長期のスプロール都市　17

　香里遊園地の開業／スプロール問題の発生／スプロールの改善

3節　愛知県春日井市－成熟期のニュータウンをかかえる都市　20

　戦前までの春日井／高蔵寺ニュータウンの開発／現在の春日井市の居住空間

4節　茨城県龍ケ崎市－東京大都市圏外縁部の住宅都市　23

　龍ケ崎市の近代化／竜ケ崎ニュータウンの開発／駅前の整備と中心市街地の衰退

第3章　地方中枢都市 …………………………………………………………… 28

1節　地方中枢都市の概要　28

　地方中枢都市とは／地方中枢都市の形成と現在／地方中枢都市間の格差

iv

　2節　宮城県仙台市－東北地方の中枢都市　　30
　　　　戦前までの仙台の中枢性／地方中枢都市・仙台の発展／中心商業地の変容

　3節　広島県広島市－中国地方の中枢都市　　34
　　　　近代の広島／広島市のオフィス立地／中心商業地の変容

第4章　県庁所在都市 ……………………………………………………………… 38

　1節　県庁所在都市の概要　　38
　　　　廃藩置県／県庁所在都市の中枢性／人口移動における県庁所在都市の役割

　2節　群馬県前橋市－高崎との双子都市　　39
　　　　高崎から前橋への県庁移転／前橋と高崎の市街地連担／中心市街地の発展と現状

　3節　千葉県千葉市－東京大都市圏郊外の県庁所在都市　　43
　　　　県庁所在都市・千葉市の誕生／千葉市中心部への商業集積／千葉市のオフィス立地／
　　　　東京依存からの脱却を目指す都市

　4節　香川県高松市－四国地方最大の支店経済都市　　46
　　　　高松に県庁が置かれるまでの経緯／四国地方の中枢都市・高松／高松市のオフィスの
　　　　立地／高松の拠点性の変化

第5章　地方都市 …………………………………………………………………… 50

　1節　地方都市の概要　　50
　　　　地方都市の特性／地方都市を取り巻く状況／国土計画における圏域構想／定住自立圏

　2節　北海道函館市－異国情緒あふれる開港都市　　52
　　　　函館の開港／函館の産業の発展／函館を中心とした圏域の形成／都市構造

　3節　静岡県磐田市－ヤマハの企業城下町　　55
　　　　企業城下町・磐田市の誕生／外国人労働者の生活／スポーツの街・磐田

　4節　鳥取県米子市－鳥取県西部の中心都市　　58
　　　　米子市と鳥取市／米子市と周辺地域の関係／中心市街地の成長と現在

【第2部　農山漁村】

第6章　都市近郊・都市農業地域 ……………………………………………… 64

　1節　都市近郊・都市農業地域の概要　　64
　　　　都市近郊農業／都市農業／生産緑地制度

目次　v

2 節　東京都小平市－新田開発の歴史を持つ都市農業地域　　66

　　　学園都市としての発展／新田開発と小平／都市近郊農業から都市農業へ

3 節　愛知県東浦町－名古屋大都市圏の近郊農業地域　　69

　　　鉄道の開通／都市化の進展／東浦の農業発展

4 節　奈良県平群町－小菊とバラの近郊農業地域　　72

　　　大阪のベッドタウン・平群町／農業の発展／農業振興の取組み

第7章　平地農業地域 ··· 76

1 節　平地農業地域の概要　　76

　　　稲作を取り巻く状況／田園回帰／平地における集落形態

2 節　新潟県新潟市南区－果樹栽培の盛んな自然堤防地域　　78

　　　本州日本海側最大の都市・新潟市／旧・白根市の概要／果樹の産地／人口と通勤動向

3 節　富山県入善町－黒部川扇状地の散村　　82

　　　散村の町・入善／稲作とチューリップ／工場進出による兼業化

4 節　熊本県氷川町－干拓とイグサの農村　　85

　　　干拓の町・氷川町／農作物の栽培と現状／農外労働と通勤

第8章　中山間地域 ··· 89

1 節　中山間地域の概要　　89

　　　中山間地域とは／中山間地域の衰退／中山間地域の活性化

2 節　長野県南木曽町－木曽林と中山道の町　　91

　　　木曽の山々の利用／南木曽の伝統産業／妻籠宿

3 節　岐阜県白川村－世界文化遺産・合掌造りの郷　　94

　　　飛騨地方の独立村／合掌造り・白川郷／合掌造りの減少と保存への取組み／トヨタ白

　　　川郷自然學校

4 節　京都府和束町－宇治茶の最大産地　　97

　　　宇治茶の最大産地・和束／和束町のまちづくり

第9章　漁業地域 ··· 101

1 節　漁業地域の概要　　101

　　　日本の漁業の変遷／漁業法の改正／離島の振興／沿岸地域の多様な利用

2 節　茨城県大洗町－漁業と観光・レジャーの町　　103

　　　漁業の町・大洗町／大洗港の誕生／観光・レジャーの町・大洗

3節　三重県南伊勢町－カツオ・マグロ漁業と養殖の町　　106
　　　人口減少の進む漁業の町／ミカン栽培の発展と現在／漁船漁業／養殖業

4節　滋賀県近江八幡市沖島－琵琶湖に浮かぶ日本唯一の有人島　　109
　　　琵琶湖に浮かぶ沖島／沖島の生活

第1部

都　　市

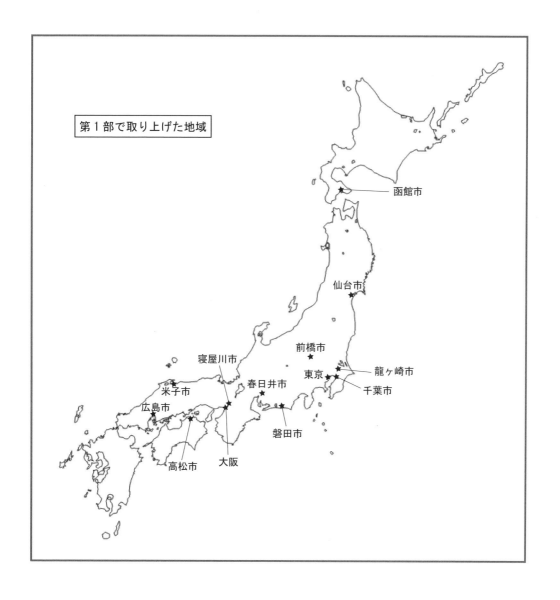

2　第1部　都市

第1章　大都市

1節　大都市の概要

三都と六大都市

　私たちは，二大都市，三大都市など，一定以上の規模を有する都市をまとめて表現すること
がある。これらの呼称には明確な基準があるわけではないが，一般的には人口規模が圧倒的に
大きい都市群を指すことが多い。例えば，江戸時代には，江戸（東京），大坂（大阪），京（京
都）が三都と呼ばれていた。当時，この3都市は，第4位以下の都市よりもはるかに人口規模
が大きかった。

　明治時代に入ると，この三都に横浜，名古屋，神戸が加わり，六大都市と呼ばれる都市群が
成立した。横浜，神戸は，いずれも欧米諸国との修好通商条約に基づいて開港し，外国人居留
地が設置されたことを契機として発展してきた都市である。それぞれ東京，大阪の外港の機能
も有し，貿易上の重要な都市となった。名古屋は，明治維新直後は工業化が遅れていたが，20
世紀に入る頃から近代的な港湾が整備され，工業都市化が進んだ。東京と大阪の間に位置する
有力な都市として，中京と呼ばれるようになったのもこの頃である。六大都市は，単に人口規
模が圧倒的に大きい都市群というだけでなく，法的な特例を有する存在でもあった。例えば，
戦前の都市計画法や市街地建築物法（建築基準法の前身）は，制定当初は六大都市のみに適用
されていたし，1922年の「六大都市行政監督ニ関スル法律」によって，六大都市が執行する
国務事務の一部については，府県知事の許可・認可が不要とされた。

　1920年代から1930年代には，横浜，京都，神戸の地位が低下し，東京，大阪，名古屋を三
大都市と呼ぶことが多くなっていくが，六大都市の法的な特例はその後も継続した。

政令指定都市の誕生

　自治体には，大きく分けて基礎自治体と広域自治体がある。基礎自治体とは，住民に身近な
行政サービスの提供を主とする自治体であり，市町村がそれに該当する。広域自治体とは，基
礎自治体内では完結しない行政サービスの提供を主とする自治体であり，都道府県がそれに該
当する。六大都市は，それぞれ「市」であるから，基礎自治体である。しかし，明治から大正
にかけての都市化により，六大都市の影響力は周辺の市町村にまで及んでいった。通勤，通学，
買い物など，様々な日常生活において周辺市町村の住民が六大都市の都市施設等を利用するこ

とが一般的になっていったのである。

　六大都市としては，各都市内の住民への行政サービスのみならず，周辺市町村から六大都市へ流入する人々も視野に入れた行政サービスを行うことが必要になってくる。つまり，基礎自治体としての役割を越えて，広域的な役割も担うようになったといえる。これにより，六大都市と府県（当時，東京都は東京府であった）との間に広域行政をめぐる対立が生じるようになり，六大都市では，府県の管理下から独立して特別市へ移行しようとする機運が高まっていった。1943 年に東京府が東京都に移行したが，東京以外の五大都市では，その後も独立運動（特別市移行運動）が続いた。府県側は，それぞれの府県の核となる五大都市が独立することには反対であった。こうした府県と五大都市の対立に対し，政府が仲裁に入る。すなわち，1956 年の地方自治法改正により，五大都市が府県から独立しない代わりに，五大都市には府県並みの権限を与えることが認められた（北村，2013）。このような特別な権限を持つ都市の資格は，地方自治法に基づく「政令」によって「指定」されたものであることから，一般に「政令指定都市」と呼ばれるようになった。なお，政令指定都市制度がはじまった当初は五大都市のみであったが，平成の大合併を経た現在は，20 都市にまで拡張している。このため，政令指定都市＝大都市とは呼べなくなっている。

大都市の内部構造

　公共交通機関の結節点となる場所は，近接性に優れている。それゆえ，多くの企業や小売業がそこに事務所や店舗を構えようとする。こうした場所は地価が高くなるため，高地価を負担できる大企業や有力百貨店が占有することになる。CBD（Central Business District：中心業務地区）と呼ばれるこうした都心地区は，官公庁地区，金融・業務地区，卸売商業地区，小売商業地区，アミューズメント地区などから成る（樋口，1979）。規模の小さい都市では，これらの機能は混在する傾向にあるが，都市の規模が大きくなるほど空間的に分化していく。

　都心地区（CBD）に過度な集積が進むと，集積の不経済が発生する。地価高騰，交通渋滞などがその代表例である。これに対し，副都心地区が自然発生的あるいは政策的に発展し，都心地区の受け皿になっていくことが多い。都市の規模が大きければ，副都心地区の規模も大きくなる傾向にある。副都心は，人口の郊外化が進み，郊外から都心への通勤流入者が増加した時期に急成長した。郊外と都心の結節点にあたる鉄道駅周辺が，副都心としての性格を帯びるようになった。東京の新宿駅，池袋駅，渋谷駅，大阪の天王寺駅，京橋駅，名古屋の金山駅などが代表例である。

ドーナツ化と都心回帰

　高度経済成長期からバブル経済期にかけての都心では，業務地域化が顕著に進んだ一方，居住者は周辺部に住居移動していった。いわゆるドーナツ化であり，かつての都心を特徴づける現象であった。

　しかし，バブル経済が崩壊してからは，まったく逆の現象，すなわち人口の都心回帰が生じ

ている。東京，大阪，名古屋をはじめ，主要な都市では都心区の人口が，1990年代後半以降に，減少から増加に転じている。従来，インナーエリアとして人口減少や地域コミュニティの衰退を経験していた地区の中には，マンションが建設され，ジェントリフィケーションが発生しているところもある（藤塚，2017）。

2節　東京－日本最大都市の都心と副都心

丸の内・大手町－日本最大の中心業務地区

　丸の内・大手町地区（図1-1）は，大手企業の本社が集中する日本最大の中心業務地区として知られる。江戸時代には，江戸城の内堀と外堀の間に位置し，大名屋敷が立地していた。明治に入り，広大な大名屋敷の土地は，軍用地や官庁施設へと転用された。1890年に軍用地が三菱に払い下げられると，煉瓦造の建築物の建ち並ぶオフィス街へと変貌していくことになる。

　戦後，日本の経済発展によってオフィスの需要が高まっていったが，当時の建築基準法にお

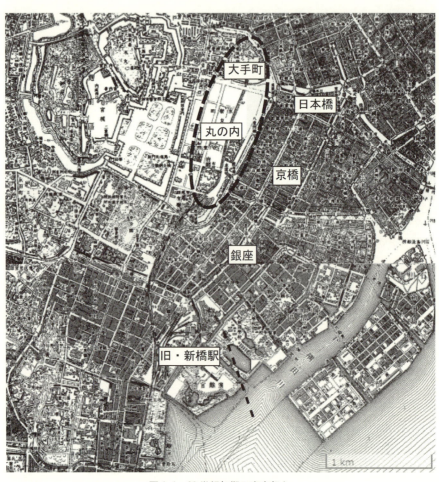

図1-1　20世紀初期の東京都心
1909年測図
（「今昔マップ on the web」により作成）

写真 1-1　丸の内の高さ 31 メートルのビル
（2024 年筆者撮影）

写真 1-2　東京海上ビル（中央）
（2009 年筆者撮影）

いては 31 メートルの高さ制限があったため，それ以上の高い建築物を建てることはできなかった。その結果，31 メートルで高さの揃ったビル群が丸の内・大手町地区の象徴的な景観となった。1963 年の容積率制導入によって絶対的な高さ制限が撤廃され，それ以降に建て替えられるビルには 31 メートルを上回るものが増加していくが，建て替えられていないビルには，高さ制限のあった当時の面影がみられる（写真 1-1）。

　高さ制限がなくなったとはいえ，自由に超高層ビルを建設できるわけではない。特に，皇居に隣接する丸の内・大手町地区では，皇室を見下ろすことになる超高層ビルの建築は望ましくないとされた。1965 年に，東京海上ビルが 130 メートルの超高層ビルの建設構想を示したが，東京都は建築確認申請を却下し，最終的には東京海上が 99.8 メートルのビルとして 1974 年に完成させた（写真 1-2）。これが先例となり，しばらくは約 100 メートルで高さの揃った景観がみられるようになった（芳賀，2012）。

　バブル経済の崩壊による国際競争力の低下を懸念した政府は，グローバルな企業集積を促すことを視野に入れ，2002 年に都市再生特別措置法を施行した。丸の内・大手町地区は，東京都心・臨海地域の一部として特定都市再生緊急整備地域に指定され，これ以降大規模な再開発が進んだ。建設当初，東京海上ビルは丸の内・大手町地区の中でもひときわ高いビルであったが，現在ではさらに高いビルに囲まれ目立たなくなっている（写真 1-2）。なお，築 50 年となる東京海上ビルは，国産木材を使用した木造ハイブリッド超高層ビルに建て替えられる予定である。

銀座・日本橋－日本最大の繁華街
　江戸時代における江戸の中心商業地といえば日本橋であった。五街道の起点となり，通行者が増えるにつれ，有力な呉服店が集積していった。この日本橋で呉服店を営み，1904 年に日本最初の百貨店として開業したのが三越である。
　一方，銀座は小商人や職人の町であり，それほど賑わいのある地区ではなかった。しかし，1872 年に発生した大火の後，不燃性建築による銀座煉瓦街が完成し，商業地としての基盤が

写真1-3　銀座4丁目交差点
左が和光本館，右が銀座三越
（2024年筆者撮影）

出来上がった。当時の東海道本線の起点であった新橋駅（現・汐留駅）に近接する地区であったことから（図1-1），発展の度合いも大きかった。1923年の関東大震災によって壊滅的な被害を受けたものの，迅速に復興を果たし，翌年の1924年には松坂屋，1925年には松屋，1930年には三越（写真1-3）が進出し（満薗，2020），一大商業地としての地位を獲得していった。

戦後，経済成長に合わせるように繁華街の範囲は拡大し，1950年代には，日本橋から銀座までの商業地が連続するようになった。今朝洞（1958）によると，繁華街の一指標である映画館の数では，戦前までは東京において浅草が最大であったが，1950年には銀座・日本橋が最大となっている。百貨店の数ではすでに戦前から銀座・日本橋が最大であり，戦後は，商業，娯楽のいずれにおいても銀座・日本橋が最大の繁華街になったといえる。

新宿－巨大ターミナルとして発展した副都心

新宿の発展は，甲州街道の宿駅として内藤新宿が開設されたことにより始まる。新宿は，新宿駅の東口と西口でその性格が異なるが，いち早く発展がみられたのは東口である。内藤新宿が東側に設置されていたことに加え，東京市電（現・東京都電）が東方面から新宿へと延伸してきたことがその背景にある。さらに，1916年，京王電気軌道（現・京王電鉄）が新宿－府中間を開通させた際，新宿の始発駅（新宿追分駅）を現在の新宿駅よりも東側（伊勢丹新宿店

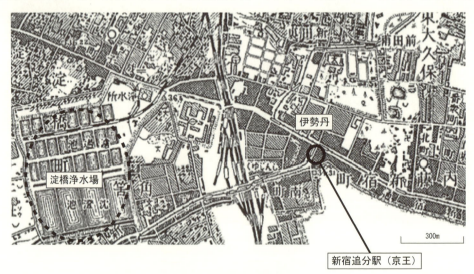

図1-2　20世紀初期の新宿
1916年測図
（「今昔マップ on the web」により作成）

の南側）に置いた（図1-2）。このように，東口は，近代の新宿の中心地であった。

東口のさらなる発展は，1923年の関東大震災以降のことである。地震において被害が大きかった低地の下町から，被害の少なかった武蔵野台地へと居住地移動が発生し，新宿，池袋，渋谷などがターミナルとして発展するようになる。特に新宿は，中央本線，小田原急行（現・小田急），京王電気軌道などによって西部の武蔵野台地から通勤通学者や買い物客が到着する巨大ターミナルとなった。1920年代末から1930年代には，伊勢丹（写真1-4）や三越などの有力百貨店が開業するとともに，飲食，社交娯楽などの機能も集積するようになった（内野・初田・平井ほか，2006）。

写真1-4　伊勢丹新宿店
（2024年筆者撮影）

もう一方の西口には，淀橋浄水場などの大規模施設が存在したため（図1-2），面的な市街地拡大は困難であった。この地区が大きく変貌する契機となったのは，淀橋浄水場の移転である。すでに戦前から，新宿の成長の妨げになるとして移転の計画はあったが，すぐには進まなかった（戦後インフラ整備事業研究会編，2023）。戦後，新宿駅西口を副都心として整備する構想が浮上すると，淀橋浄水場の移転も具体化していった。1960年に新宿副都心計画が都市計画決定され，ついに1965年，淀橋浄水場が廃止された。こうして，浄水場の広大な跡地に，現在みられるような超高層ビル群が建設されていった。

都心回帰

東京23区の人口増加率をみると（図1-3），1985-1990年には，都心区の人口減少と周辺区

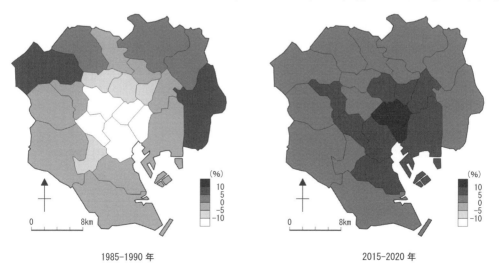

図1-3　東京23区の人口増加率
（国勢調査により作成）

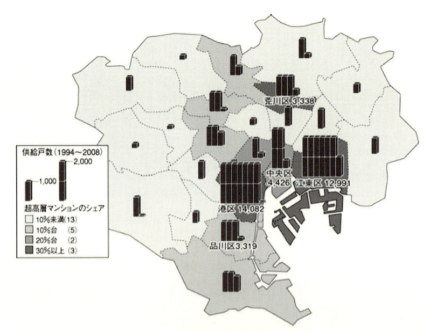

図1-4　東京23区の超高層マンションの供給（1994-2008年）
（長谷工総合研究所『CRI』367号，特設レポート要約版により作成）

写真1-5　東京湾岸（晴海地区）のタワーマンション群
（2024年筆者撮影）

の人口増加という典型的なドーナツ化が生じていたが，2015-2020年には，その正反対に，都心の人口回復が顕著である。こうした人口の都心回帰の主因は，マンションの立地にあるといわれ，特に東京においては超高層のタワーマンションの建設が顕著である。

図1-4は，東京23区における超高層マンションの供給戸数を示したものである。港区，中央区，江東区において特に供給量が多い。港区には港南，芝浦など，中央区には勝どき，月島，佃，晴海など，江東区には有明，東雲，豊洲などの湾岸埋立地が含まれ，これら埋立地でのタワーマンション供給量が多かったことが示唆される。1980年代までは製造・物流施設の立地する湾岸埋立地であったが，脱工業化によってそれらの施設が移転，閉鎖され，その跡地にタワーマンションが供給されてきた（写真1-5）。もちろん，埋立地ではない陸側でも超高層マンションは供給されているが，これらの土地はオフィスやホテルなどとの競合も発生するため，まと

まったタワーマンション群は少ない。

3節　大阪－西日本最大都市の都心と副都心

梅田・大阪駅－鉄道駅開設によって発展したキタの繁華街

　梅田・大阪駅地区は，通称キタと呼ばれる大阪の繁華街である。江戸時代には田畑の広がる地域であったが，1874年の大阪駅開業以降，大きく変貌していった。20世紀に入り，大阪駅に隣接して箕面有馬電気軌道（現・阪急電鉄の宝塚線）や阪神電鉄がそれぞれ駅（梅田駅）を開設すると，ターミナルとしての発展が進むようになった。1929年には，阪急電鉄直営のターミナルデパートである阪急百貨店が開業し，商業機能が充実していくこととなった。

　戦後，梅田・大阪駅地区は大規模に改造されていくことになる。この地区の開発は，大阪駅の東西南北で異なる特徴がみられる。通称ダイヤモンド地区と呼ばれる大阪駅の南側は，戦前から開発が始まっている。戦前は土地区画整理事業，戦後は市街地改造事業によって開発がなされ（小原，2005），阪神百貨店，大阪マルビル，大阪駅前第1～第4ビルなどのオフィスビルや商業ビルが建ち並ぶようになった。大阪駅の東側は，国鉄東海道本線の南側にあった阪急梅田駅（現・大阪梅田駅）の北側への移転（図1-5）を契機に，阪急が主体となって再開発が実施された地区である（写真1-6）。オフィスビルや商業ビルが立地するが，ダイヤモンド地区に比べると若者向けの商業施設が立地する傾向が強い。

　大阪駅の西側や北側は，かつて梅田貨物駅のあったところであり（図1-5），貨物駅の廃止・移転を契機に再開発が進んだ。西側は，1980年代から1990年代にかけて再開発が実施され，オオサカガーデンシティが誕生したが，北側の貨物駅跡地の再開発には時間を費やすことになった。広大な敷地ゆえに開発方針がまとまらなかったこと，移転先との交渉に時間がかかっ

1960年代後半

1970年代後半

図1-5　1960年代後半と1970年代後半の大阪駅周辺
（「今昔マップ on the web」により作成）

写真1-6　阪急大阪梅田駅周辺
左手前が阪急大阪梅田駅
（2024年筆者撮影）

写真1-7　梅田貨物駅跡地「うめきた」の再開発地区
左の高層ビルと手前の工事区域は、うめきた2期地区「グラングリーン大阪」。右から3棟の高層ビルは、先行開発地区「グランフロント大阪」。（2024年筆者撮影）

たこと，バブル経済が崩壊したことなどが背景にある。しかし，2002年に大阪駅周辺地域が都市再生緊急整備地域に指定され，さらに2012年には特定都市再生緊急整備地域に指定されると，本格的な再開発が進むようになった。「うめきた」の名称で再開発が進行中であり，オフィスビル，複合商業施設，タワーマンションなどの立地する地区へと変貌しつつある（写真1-7）。

難波・心斎橋－地盤沈下の進む城下町最大の繁華街

　難波・心斎橋地区（写真1-8）は，通称ミナミと呼ばれ，梅田・大阪駅のキタと並び称される大阪の繁華街である。ミナミのうち，道頓堀を挟んで北側を心斎橋，南側を難波とみなすことができる（図1-6）。心斎橋（筋）は，大坂城下町最大の繁華街であった。新町（現・大阪市西区新町1丁目）にあった遊郭と，芝居町の道頓堀を結ぶ道筋であったことも，心斎橋筋の繁栄を後押しした（橋爪監修，1997）。20世紀に入り，呉服店であった大丸やそごうが当地区で百貨店経営を開始すると，大衆の消費文化を牽引する存在にもなっていった。大正時代には，東京・銀座をぶらつくことが「銀ブラ」と呼ばれたのに対し，心斎橋をぶらつくことは「心ブラ」と呼ばれた。これは，心斎橋が大阪最大の繁華街であったことを物語る。

　心斎橋の南側に位置する難波は，江戸時代には城下町の南のはずれに位置していた。難波の一角である千日前には，刑場，火葬場，墓地が集まり（浅野・岩崎・西村編，2008），町外れの特徴が顕著に表れていた。しかし，明治に入り，阪堺鉄道の難波駅（現・南海難波駅），大阪鉄道（後の関西鉄道。近鉄の

写真1-8　心斎橋地区（御堂筋）
左側に大丸百貨店とパルコ，右側にOPAが見える。
（2024年筆者撮影）

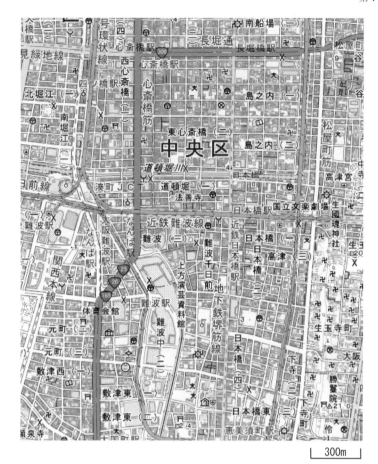

図 1-6　難波・心斎橋
(地理院地図により作成)

前身の一つである大阪鉄道とは別)の湊町駅(現・JR 難波駅)が開業すると,ターミナルとして発展するようになった。南海難波駅周辺には,高島屋大阪店,なんばパークス,なんばマルイなどの大型商業施設が集積している。千日前においても,19 世紀の末に刑場が廃止され,火葬場と墓地が移転すると,工業化の進んだ大阪の労働者が訪れる庶民的な娯楽地として発展していった(浅野・岩崎・西村編,2008)。

このような難波・心斎橋も,近年では,梅田・大阪駅と天王寺・阿倍野の開発に押される傾向にある。大阪市内居住者の買い物先においても,かつては難波・心斎橋を指向していた人が,近年では梅田・大阪駅を指向するようになっている(稲垣,2021)。このような「ミナミの地盤沈下」の克服が課題となっている。

天王寺・阿倍野―大阪南部の副都心

　天王寺・阿倍野地区は,キタ,ミナミに次ぐ第 3 の商業地として知られる。1903 年に第 5 回内国勧業博覧会が現在の天王寺公園の地で開催されて以来,この地区の発展が始まった。1937 年には,大阪鉄道(現・近鉄の前身の一つ。関西鉄道の前身である大阪鉄道とは別)が,ター

図1-7 阿倍野再開発事業区域の変化
白で囲った範囲が事業区域（一部，除外区域も含んでいる）
（地理院地図により作成）

写真1-9 あべのハルカス（左）
（2021年筆者撮影）

ミナルデパートの大鉄百貨店（現・あべのハルカス近鉄本店）を大阪阿部野橋駅に開業した。この百貨店を開業するにあたり，大阪鉄道は，阪急，高島屋，そごうといった大阪市内の他の百貨店に，業務実習として従業員を派遣し百貨店経営のノウハウを学んだ（株式会社近鉄百貨店編，1977）。翌年（1938年），地下鉄御堂筋線が難波駅から天王寺駅まで延伸されたこともあり，売り上げは大幅に伸びた。

　大阪の中心部は，戦時中に大規模な空爆の被害を受けたが，天王寺駅南側は戦災を免れていた。そのため，戦前からの老朽化した木造建造物が密集し，防災上，問題のある空間が形成されていた。そこで，大阪市により，市街地再開発事業が実施されることとなった。阿倍野再開発事業と称されるこの再開発（図1-7）は，1976年から2017年までの40年以上にわたって続き，道路，公園，商業，業務，住居などの施設が整備された。

　2007年，大鉄百貨店以来の歴史を持つ近鉄百貨店阿倍野店を建て替え，高さ300メートルのビルを建設する計画が近鉄によって発表された。2002年に大阪阿部野橋駅周辺が都市再生緊急整備地域に指定され，容積率の大幅な緩和がなされたことと，大阪国際空港の航空規制が変更され，この地域が規制区域から除外されたことにより，300メートルのビルを建設することが可能になった。こうして，2014年，当時としては高さ日本最高のあべのハルカスが誕生した（写真1-9）。

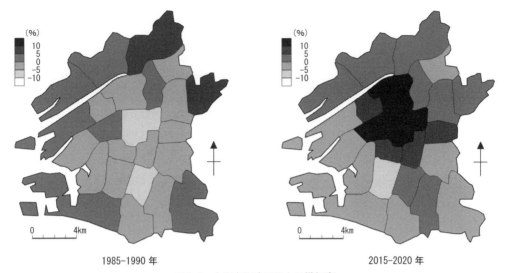

図 1-8　大阪市行政区の人口増加率
（国勢調査により作成）

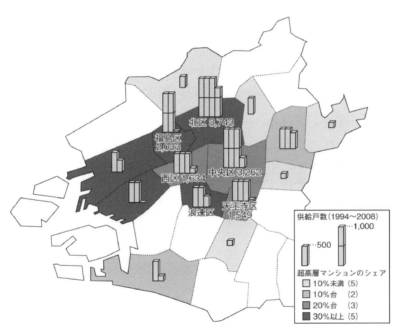

図 1-9　大阪市行政区における超高層マンションの供給（1994-2008 年）
（鯵坂　学・徳田　剛「「都心回帰」時代のマンション住民と地域社会—大阪市北区のマンション調査から」評論・社会科学 97，2011 年，により作成）

都心回帰

　大阪においても，東京と同様，都心において 1985-1990 年に人口減少，2015-2020 年に人口増加がみられる（図 1-8）。超高層マンションの立地をみると（図 1-9），東京のように湾岸地区における大量供給はみられず，北区，中央区において供給量が多い。写真 1-10 は，大阪の代表的なオフィス街の一つである北浜・船場方面のタワーマンション群である。真ん中に建

写真1-10　大阪都心のタワーマンション
(2018年筆者撮影)

つタワーマンションの地には，かつて三越大阪店が立地していたが，2005年に閉店となった。このタワーマンションは，マンションとしては大阪市内最高の高さ（209メートル）を誇る。

[参考文献]

浅野慎一・岩崎信彦・西村雄郎編『京阪神都市圏の重層的なりたち－ユニバーサル・ナショナル・ローカル』昭和堂，2008年

稲垣 稜『日常生活行動からみる大阪大都市圏』ナカニシヤ出版，2021年

内野伸勝・初田 亨・平井 充・小黒康典・西岡大輔「商店・事業所の機能分布からみた都市・新宿駅東口周辺の変遷（1933-2004）－東京の繁華街に関する都市・建築史の研究（その4）」工学院大学研究報告100，2006年

株式会社近鉄百貨店編『40年のあゆみ』株式会社近鉄百貨店，1977年

北村 亘『政令指定都市－百万都市から都構想へ』中公新書，2013年

今朝洞重美「東京における繁華街地区の地理学的考察」地理学評論31，1958年

小原丈明『都市再開発の展開と意義－大阪の事例を中心として』京都大学大学院人間・環境学研究科博士論文，2005年

戦後インフラ整備事業研究会編『インフラ整備70年 戦後の代表的な100プロジェクトVol.6』一般社団法人建設コンサルタンツ協会，2023年

芳賀博文「大手町・丸の内・有楽町における都市更新」都市地理学7，2012年

橋爪紳也監修『心斎橋筋の文化史』心斎橋筋商店街振興組合，1997年

樋口節夫『都市の内部構造』古今書院，1979年

藤塚吉浩『ジェントリフィケーション』古今書院，2017年

満薗 勇「両大戦間期東京市における小売商店の職住関係－銀座通商店街の事例から」經濟學研究70，2020年

第2章　郊外都市

1節　郊外都市の概要

郊外の誕生

　大都市の周辺地域における住宅地景観は，現在ではありふれたものとなっているが，このような住宅地がみられるようになったのは20世紀に入ってからである。周辺地域に居住し，大都市へ通勤するという行動パターンが生まれたのも同時期のことである（石川，2008）。いち早く郊外開発が進んだのは阪神地域であった。阪神電鉄は，鉄道開業の1905年に沿線において海水浴場を開設，1907年には遊園地「香櫨園」を開設した。1920年代に入ると，武庫川の河川改修にともなって廃川となった枝川と申川の跡地に，一大娯楽施設を建設した。その目玉となったのが，甲子園球場である。

　同じく阪神地域に開業した阪急電鉄は，阪神電鉄よりは遅れるものの，郊外開発を進めていった。開業路線である宝塚線では，郊外の終着駅である宝塚駅周辺において娯楽施設，沿線で住宅地開発，大都市の終着駅である梅田駅でターミナルデパートと，沿線を一体的に開発していった。この開発手法は，関西の他の私鉄にも影響を及ぼした。

　阪急の郊外開発の影響は，関西にとどまらず関東にも及んだ。特に東急（当時の田園都市株式会社）は，阪急電鉄の小林一三に沿線（東急東横線）の開発を依頼するほどであった。関東において郊外開発が本格化するのは，1923年の関東大震災以降である。大震災により，東京の都心（下町）が壊滅的被害を受けたのに対し，武蔵野台地上に位置する山手側の被害は少なかったため，都心から郊外（山手）への人々の移動が活発化した。都心では，大学などの教育機関の被災も大きかったため，キャンパスの移転も同様に進んだ。こうした大学移転に合わせた学園都市の建設も進んだ。

戦後の郊外化

　戦後になると，郊外開発は一段と進んだ。この背景には，地方から大都市への人口移動が，1950年代以降に爆発的に増加したことがある。戦後の復興事業が，大都市において優先的に進められたことで，大都市に産業が集積した。これによって大都市では労働力が不足し，大量の若年労働力が地方から大都市へ流入するようになった。こうした若者は，その後結婚，出産を経験するが，世帯規模の拡大した夫婦世帯が居住できる住宅の供給は，大都市内では限界が

あった。自ずと，大都市を越えて住宅地が郊外に溢れていくこととなった。

人口を受け入れる郊外の側では，十分な都市基盤が整わないままに狭小な住宅が大量供給されるようになった。こうしたスプロール的な住宅開発が，大都市近辺では大量に行われた。この問題に対応するために，戦前から続く都市計画法が1968年に抜本的に改正され，都市計画区域を市街化区域と市街化調整区域に区域区分する制度（線引き）が導入された。市街化区域は，すでに市街化が進んでいる，あるいは今後10年程度で市街化が進むであろう区域であり，速やかな市街化を図るものとされた。一方，市街化調整区域は，原則として市街化を抑制する区域である。この線引き制度により，都市周辺部（市街化調整区域）へのスプロール的な開発を抑制しようとしたのである。

スプロール問題に対するもう一つの解決策が，計画的なニュータウン開発であった。郊外に，一戸建て住宅，集合住宅，商業施設，医療施設などを計画的に配置したニュータウンを建設することで，スプロール住宅に移動する人々の受け皿になることを意図したものである。しかし，こうしたニュータウンの建設には，まとまった土地が必要であったため，大都市からは比較的離れた場所に建設されることが多かった。結果として，大都市へのアクセスの容易さを重視する人々には，ニュータウンは受け皿にはならなかった。

郊外の成熟化

人口の郊外化が活発であったのは，高度経済成長期からバブル経済期までの時期である。1990年代に入ると，郊外への人口移動が縮小していく。この背景には，少子化，未婚化による結婚の減少や，世帯規模の縮小がある。郊外へ居住地移動する主たる動機は住宅取得であるが，未婚であれば世帯規模が拡大する可能性は低いし，子どもの数が少なければ広い住宅は必要としない。わざわざ郊外に住居を求める必要性がなく，生活に便利な大都市内に住居を求めるようになる。こうして，都心居住が進むようになった。

郊外の中でも，ニュータウンのような大規模住宅地ではなく，鉄道駅周辺には1990年代以降，マンションの立地が活発である。都市的利便性の高さと郊外の居住環境のよさを併せ持った居住形態として，郊外駅前マンション居住が選択されている（日野・香川編，2015）。また，現在の郊外居住者には，郊外で生まれ育った世代が多く，親も郊外に居住している割合が高い。職場（大都市）への通勤と，親との近居を両立させる選択肢として，郊外駅前のマンションは魅力的な場所になっているとも考えられる（稲垣，2021）。

郊外においては，大都市への通勤限界地においても住宅地開発がなされてきた。「限界ニュータウン」，「限界分譲地」とも呼ばれるこうした住宅地では，そもそも空き区画が多く，管理が行き届かず荒地となっているところも多い（吉川，2022）。空き家問題と並び，こうした空き区画問題も，今後の大きな課題である。

第2章　郊外都市　17

2節　大阪府寝屋川市－高度経済成長期のスプロール都市

香里遊園地の開業

　大阪東部における遊園地としては，枚方市にある「ひらかたパーク」が有名であるが，この起源をさかのぼると，寝屋川市（当時の友呂岐村）にあった香里遊園地にたどり着く。1910年，京阪電気鉄道が天満橋（大阪）から五条（京都）までを開通させるが，その沿線で最初に造られた遊園地が，香里遊園地であった。香里遊園地へのアクセスのため，香里駅（現・香里園駅）を開設した。京阪電鉄としては，娯楽施設を沿線に開業することで運賃収入の確保を目指す意図があった。香里遊園地の最大の目玉は菊人形展であり，これを見るために，京阪電鉄に乗車して香里遊園地に来る人が増加した。しかし，その後，香里遊園地は住宅地化されることになり，京阪電鉄は香里遊園地を閉園し，新たに枚方市において菊人形展を開催した。これが遊園地へと発展して誕生したのが「ひらかたパーク」である。

スプロール問題の発生

　寝屋川市域は，東部の丘陵地（枚方丘陵，生駒山地）と西部の低湿地に分けられる。市域の北西を淀川が，市内の低湿地を寝屋川や古川が流れている。戦前までの集落は，丘陵の麓や自然堤防上に存在するのみであった。この村落地域が大きく変貌していったのは，1960年代である。

　大阪市の工業都市化は，すでに19世紀末からはじまっており，大阪都心を取り巻くエリアでは労働者向けの住宅が大量に供給されていた。しかし，戦前の住宅供給は，大阪市域を大きく越えるものではなかった。高度経済成長期に入り，地方から大阪市への人口移動が活発化すると，大阪市における住宅供給が限界に達した。自ずと，住宅開発は大阪市を越えた地域に広がることになった。大阪都心から10～20キロ圏にあたるエリアでは，膨大な住宅需要に供給が追い付かず，無計画で小規模の住宅供給が大量に行われた。寝屋川市は，まさに，大阪市から溢れだした人口を受け入れ，スプロール問題に直面した都市であった。

　図2-1をみると，1960年から1965年にかけての人口増加率は約126％と，5年間で2倍以上の増加を示した。1965年から1970年にかけても約80％の増加であり，1960年代の寝屋川市の人口増加は全国でもトップクラスであった。わずか24.7平方キロの面積しかない寝屋川市において，この10年間で約15万人が増加したことになる。この中には自然増も含まれるが，多くは他地域からの転入による社会増加であった。

　モータリゼーションが十分に進んでいなかった1960年代には，京阪本線の寝屋川市駅付近において大量の住宅供給が行われた（図2-2）。微高地である自然堤防には，すでに集落が形成されていたため，新たな住宅の大半は，水はけの悪い低湿地において供給された。こうした住宅地では洪水被害を受けてきた。實（1974）によると，1960年代の寝屋川市内では，経営が不安定な零細不動産業者によって，十分な盛土のなされていない住宅が大量に供給されてい

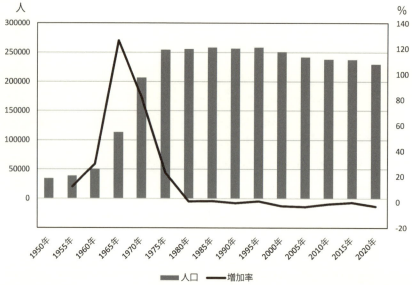

図 2-1 寝屋川市の人口推移
（国勢調査により作成）

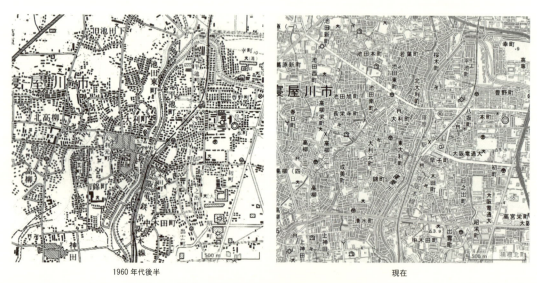

図 2-2 1960 年代と現在の寝屋川市駅周辺
（「今昔マップ on the web」により作成）

た。1961 年の豪雨の際には，これらの住宅地の多くで浸水被害がみられた。零細不動産事業者ゆえに，公園などの施設整備は十分になされておらず，住宅地の区画は，水田のあぜ道による区画が継承されたものであった。そのため，複雑に道路が交わる密集住宅地が形成され（写真 2-1），地震や火災などの際には被害の拡大が懸念された。

これらの住宅の中には，戸建て住宅だけでなく，木造賃貸の共同住宅も多くあった。専用の玄関，トイレ，流し台を持つ 6 畳と 3 畳程度の続き間形式で，1 階と 2 階でそれぞれ別の居住者が住む長屋形式の賃貸住宅，が平均的な姿である。これを，関西では木賃型「文化住宅」と

写真 2-1　複雑に交差する道路に面した住宅
（2024 年筆者撮影）

写真 2-2　老朽化した文化住宅
（2024 年筆者撮影）

呼んだ（写真 2-2）。それまでの「文化住宅」とは，戦前に大都市郊外において富裕層向けに供給された和洋折衷形式の住宅を指すものであったが，「六畳一間で共同トイレ・共同炊事場」のアパートよりは，少しは文化的生活ができるという意味で，揶揄的に命名されたものである（寝屋川市史編纂委員会編，2008）。

写真 2-3　駐車場付きの新築住宅
（2024 年筆者撮影）

スプロールの改善

　スプロール地区に典型的にみられる密集市街地は，地震や火災の際に被害拡大の恐れがあるため，これまでにも改善の取組みがなされてきた。寝屋川市では，北部の香里地区，寝屋川市駅西側の池田・大利地区，南部の萱島東地区が密集住宅地区に指定され，道路の整備，改善や，建築物の不燃化促進の取組みが行われてきた。具体的には，老朽化した住宅の除去や建替えに対する補助金の支給や，建替えの際のセットバックによる道路拡幅などが挙げられる。近年，一部の地区では建替えが進み（写真 2-3），若い世帯の流入もみられる。

　寝屋川市駅前では，市街地再開発事業によって密集市街地の改善が図られてきた。1986 年には，寝屋川市駅前地区第 1 種市街地再開発事業により，寝屋川市駅東口に再開発ビル「アドバンスねやがわ」が開業した。2 館構成であり，1 号館には商業，業務，公益施設が入居し，2 号館は，低層階が商業，業務，公益施設，上層階が住宅（マンション）となっている。このすぐ東側においても，寝屋川市駅東地区第二種市街地再開発事業が実施され，2012 年に，公益施設（地域交流センター），大阪電気通信大学，マンションが完成した。この事業に関連して，都市計画道路寝屋川駅前線延伸の街路事業も実施された。この都市計画道路は，その後さらに東に延伸され，2015 年には国道 170 号までつながった。

　このように，寝屋川市では，老朽化した密集市街地の改善と都市機能の駅周辺への集積がな

20　第1部　都市

されてきた。しかし，密集市街地の課題は解決されたとはいいがたい。1960年代の人口増加は，寝屋川市の都市的成長を牽引した要因の一つであるが，その負の側面は，先にみたとおりである。近い将来，大規模地震が予想される中，密集市街地の問題は，今後も取り組んでいくべき重要な課題である。

3節　愛知県春日井市－成熟期のニュータウンをかかえる都市

戦前までの春日井

　江戸時代，名古屋城下から中山道に向かう際のルートには，上街道と下街道があった。名古屋から北に向かって中山道と合流するのが上街道であり，北東に向かって中山道と合流するのが下街道であった。このうち，正式なルートと定められていたのは上街道であり，尾張藩の藩道でもあった。しかし，名古屋から信州方面に向かうには，上街道は遠回りであったため，多くの人々が下街道を利用していた。このため下街道は，非公式であるにもかかわらず上街道以上の賑わいを見せていた。現在の春日井市のほぼ中央を北東方面に貫いていたのが，この下街道であった。非公式ルートであるために正式な宿場などは整備されていなかったが，勝川や鳥居松においては，寺院や商店が建ち並んでいた。特に勝川は，上街道と近いことや，庄内川を渡ったところにあるという条件もあり，旅籠が立地するなど宿場機能を有していた。

　このような春日井の交通条件に大きな変化をもたらしたのが，中央本線の開通である。1900年に名古屋―多治見間が開業し，1920年代までには，現・春日井市域にある5駅のうち4駅が設置された（神領駅は1940年代に開設）。これにより，下街道沿いから駅前へと徐々に中心が移動していくようになった。

　これに加え，戦前から戦中の春日井にインパクトをもたらしたのが，軍需工場であった。特に，庄内川右岸の低地に建設された鳥居松工廠は規模の大きいものであった。こうした軍需工場の立地により春日井市の人口は急増した。これを契機として，1943年，鳥居松村，鷹来村，篠木村，勝川町が合併して春日井市が誕生した。終戦後，春日井市内に点在していた軍需工場は廃止され，新たに軍需以外の工場，教育施設などに転用されていった。鳥居松工廠の跡地には，王子製紙春日井工場が立地した。

高蔵寺ニュータウンの開発

　戦後の復興が進む1950年代は，地方から名古屋市への人口移動が増加しはじめた時期である。名古屋市内に流入した人たちは，その後結婚などにより広い住宅スペースを必要とし，郊外における住宅需要も高まりつつあった。こうした中で登場したのが，高蔵寺ニュータウンであった（写真2-4）。日本住宅公団が手掛けた名古屋大都市圏最大のニュータウンである。この地にニュータウンが建設された理由の一つに，愛知用水（6章参照）が付近を通ることが予定されており，その水を利用できることがあった。1960年に開発が決定された後，買収，造成がなされ，1968年に入居が開始された。こうした動きに呼応するように，1950年代後半～

写真 2-4 高蔵寺ニュータウン
(2024 年筆者撮影)

図 2-3 高蔵寺ニュータウンの概要
(福原正弘『ニュータウンは今－40 年目の夢と現実』東京新聞出版局, 1998 年, により作成)

1960 年代に中央本線の複線化工事が行われ，高蔵寺ニュータウンから名古屋市への鉄道輸送力が強化されていった（春日井市史編集委員会，1994）。

　高蔵寺ニュータウンでは，日本住宅公団による他地域のニュータウンと同様，集合住宅，戸建て住宅，商業施設，医療施設，福祉施設，教育施設，公園などを計画的に配置している（図2-3）。商業を例にとると，各住区には最寄り品を中心とした小規模商業施設，センター地区には大規模商業施設を配置することで，ニュータウン住民の買い物需要をニュータウン内で効率

22　第 1 部　都　市

表 2-1　雇用形態別にみた高蔵寺ニュータウン居住世帯の通勤先構成

		名古屋市	春日井市	郊外	その他
世帯主（男性）	正規雇用	114（66.3）	26（15.1）	21（12.2）	11（ 6.4）
	非正規雇用	4（66.7）	1（16.7）	0（ 0.0）	1（16.7）
配偶者（女性）	正規雇用	12（37.5）	15（46.9）	5（15.6）	0（ 0.0）
	非正規雇用	10（19.2）	40（76.9）	2（ 3.8）	0（ 0.0）

カッコ内は%。
（2001 年に実施した高蔵寺ニュータウンアンケート調査により作成）

的に満たせるように配慮してある。同時期に建設された多摩ニュータウンや千里ニュータウン
に比べると規模が小さいため，大規模商業施設が立地するセンター地区は一つのみ（ワンセン
ター方式）となっている。

　他の多くのニュータウンと異なるもう一つの特徴は，ニュータウン内に鉄道がないことであ
る。そのため，名古屋市へ通勤通学する人々は，バスや家族の送迎で高蔵寺駅まで行き，そこ
から中央本線を利用して名古屋方面に向かうことになる。団塊の世代が現役世代であった頃は，
高蔵寺駅周辺において，送迎に来る車やバスによる大渋滞が発生していた。

　高蔵寺ニュータウンで住宅を取得した人々のうち，特に世帯主の男性は，名古屋市へ通勤す
る割合が高かった。表 2-1 によると，父親の名古屋市への通勤率が 6 割を超えて非常に高いこ
とがわかる。一方，母親は非正規雇用で働く人が多く，しかもその 7 割以上が春日井市内で
の就業者である。この表の基となった調査は 2001 年に行われたものであるが，当時の高蔵寺
ニュータウン居住世帯では，明瞭な性別役割分業が存在していたことがわかる。

現在の春日井市の居住空間

　春日井市の人口推移を示した図 2-4 をみると，1950 〜 60 年代の高度経済成長期に人口増加
率がピークを迎えた後，1980 年代以降は緩やかな増加にとどまっていることがわかる。人口
増加率の高かった頃の流入者の多くは，高蔵寺ニュータウンをはじめとする新規住宅地に住居
を求めて移動してきた人々であると思われる。当時の人々には，いわゆる年齢規範が存在して
おり，結婚や住宅取得などのライフイベントが特定の年齢時に発生することが多かった。こう
したライフイベントが高度経済成長期という短期間に集中的に発生したため，春日井市におけ
る年齢構成の偏りは大きい。結果として，今後急速な高齢化に直面していくものと思われる。

　少子化も顕著であり，2016 年にはニュータウン内の藤山台東小学校，西藤山台小学校，藤
山台小学校が統合し，新たに藤山台小学校が誕生した。このうち，旧・藤山台東小学校はリ
ノベーションされ，2018 年に多世代交流拠点施設「グルッポふじとう」としてオープンした
（写真 2-5）。多様な人々が集うスペース，図書館，児童館が整備され，各種イベントも多く開
催されている。このように，高蔵寺ニュータウンは転換期を迎えている。

　高蔵寺ニュータウンで人口減少，少子高齢化が進む一方で，近年人口増加を示しているのが，
鉄道駅周辺である。春日井市内では，中央本線の勝川駅や春日井駅の周辺においてマンション
開発が進んでいる。勝川駅周辺では，土地区画整理事業，市街地再開発事業などによる大規模

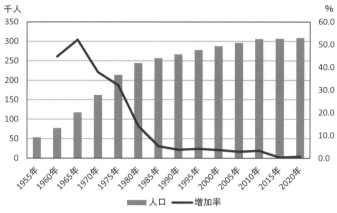

図 2-4 春日井市における人口推移
(国勢調査により作成)

写真 2-5 グルッポふじとう
(2024 年筆者撮影)

写真 2-6 勝川駅北口
(2024 年筆者撮影)

な再開発が進められ，現在ではマンション，公共施設，宿泊施設，商業施設，立体駐車場が勝川駅周辺にコンパクトに集積する空間（写真 2-6）が創出されている（大塚，2014）。同様に，春日井駅においても，市街地再開発事業が実施され，タワーマンション，商業・業務施設，立体駐車場が整備された（春日井市まちづくり推進部都市整備課，2022）。このように，郊外駅前居住という新たなライフスタイルが郊外で生まれつつある。

4 節　茨城県龍ケ崎市－東京大都市圏外縁部の住宅都市

龍ケ崎市の近代化

　龍ケ崎市の都市的発展の基礎は，江戸時代における仙台藩による陣屋の設置（現・龍ケ崎小学校付近）にはじまる。陣屋の置かれた龍ケ崎村は，江戸時代を通じてこの地域の中心地として機能してきた。明治に入ると，1900 年に竜崎鉄道（現・関東鉄道）が佐貫駅―龍ケ崎駅（現・竜ケ崎駅）間に開業した（現・関東鉄道竜ヶ崎線）。同時に，日本鉄道（現・常磐線）の佐貫駅（2020 年に龍ケ崎市駅に改称）も開設され，当地域は広域的な鉄道交通システムに組み込まれていった。

図 2-5　1940 年代の龍ケ崎市の中心部
(「今昔マップ on the web」により作成)

　なお，開業当時には佐貫駅周辺は馴柴村であったが，1954 年の合併により龍ケ崎市の一部となった。佐貫駅は，常磐線と関東鉄道竜ヶ崎線の結節点となったことで発展が見込まれたが，戦前の段階では駅周辺の開発は進まなかった（図 2-5）。本格的な発展は高度経済成長期以降のことであり，とりわけ後述する竜ヶ崎ニュータウンの開発を契機として大きく変貌していくことになる。

竜ケ崎ニュータウンの開発

　高度経済成長期における地方から東京への膨大な人口移動は，居住地の郊外への外延的拡大を促した。1950～60 年代にかけての時期に，東京に隣接する埼玉県，千葉県，神奈川県では早くも住宅地化が進んでいたが，その波は東京大都市圏外縁部に相当する茨城県内にも迫ろうとしていた。

　そうした中，1967 年に，日本住宅公団（現・都市再生機構）による龍ケ崎市内でのニュータウン開発の計画が持ち上がった。当初は，北側に位置する牛久市にもまたがる 2500 ヘクタールの広大な土地に，人口 30 万人に及ぶ巨大な住宅団地が想定されていたが，牛久市が計画を辞退したことにより，約半分の規模に縮小されることになった。

　当時は，ニュータウン建設に対する反対意見が大きく，ニュータウン反対期成同盟が結成され，ニュータウン開発の説明会への反対派のボイコットなどもみられた。市議会におけるニュータウン開発の賛同決議に対し反対派が議場に乱入したり，市側と反対派の会談に警察が介入する事態が生じたりするなど，波乱万丈の展開となった（龍ケ崎市史編さん委員会編，2000）。

　このような賛否両論の巻き起こる開発は，1968 年に制定された都市計画法に合わせる形で進められることになった。すなわち，開発予定地域の地主のうち，開発に賛成の者は市街化区域，反対の者は市街化調整区域を選択することとなり，最終的に北竜台地区（写真 2-7）を市

写真 2-7　竜ヶ崎ニュータウン・北竜台地区（戸建て住宅群）
（2024 年筆者撮影）

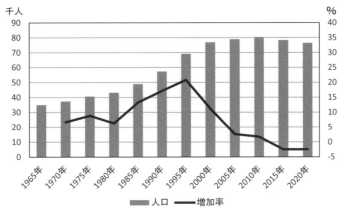

図 2-6　龍ケ崎市における人口推移
（国勢調査により作成）

街化区域とすることが決定された。その後，市街化区域から除外された地区の賛成派地主との交渉の結果，新たに龍ケ岡地区もニュータウン開発地区に組み込まれることとなった。こうした経緯から，竜ケ崎ニュータウンは，2つの住宅地区に分断された形となり，最終的な開発面積も当初の計画の3割弱にとどまることとなった。

　1981年に入居がはじまると，龍ケ崎市の人口は急増していった。図2-6によると，竜ケ崎ニュータウン入居開始前である1980年までは緩やかな人口増加に過ぎなかったが，1980年代から1990年代前半にかけては急激な人口増加を経験したことがわかる。1990-1995年は20%を越える急増であった。こうした人口増加に対応して，ニュータウン内には計画的にショッピングセンターが配置されてきた（岩井・頓宮・大沼ほか，2022）。しかし，2000年代に入ってからは人口が停滞しはじめ，2010年代にはついに人口減少を示すようになった。人口減少社会に突入し，都心回帰が進む現在，大都市圏外縁部に位置する自治体に新たな人口流入を期待することはできないという現実を示唆している。

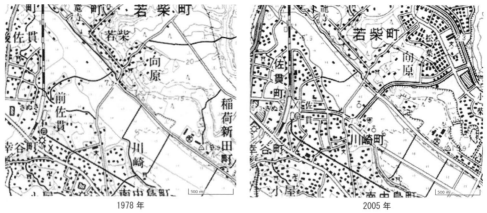

図 2-7　1978 年と 2005 年の龍ケ崎市駅周辺
(「今昔マップ on the web」により作成)

写真 2-8　龍ケ崎市駅前の大通り（龍宮通り）
（2024 年筆者撮影）

写真 2-9　本町商店街
右の建物は旧小野瀬邸。
（2024 年筆者撮影）

駅前の整備と中心市街地の衰退

　当初の計画からは縮小されたとはいえ，人口 4 万人程度に過ぎなかった都市にこれほどのニュータウンが誕生するとなれば，都市の整備は急務であった。特に，ニュータウン住民が東京方面に向かう際の利用駅となる佐貫駅の周辺には，1970 年代までは水田が広がっており，道路の整備も進んでいなかった。そこで，1980 年に佐貫駅東特定土地区画整理事業が開始された。これにより，バスロータリーや駐車場が整備され，佐貫駅とニュータウンとを結ぶ広幅員の駅前通り（龍宮通り）も整備された（図 2-7，写真 2-8）。

　龍ケ崎市の中心市街地は，関東鉄道竜ケ崎駅の東側に形成されている（図 2-5）。江戸時代に陣屋町として機能していたのもこの地区である。中心市街地内にある龍ケ崎本町商店街は，江戸時代から続く商業地であり，陣屋町の時代には繁栄を誇ったことは想像に難くない。現在も，通りには大正〜昭和前期に建築されたと思われる住居が点在している（写真 2-9）。しかしながら，商業機能という点では衰退が著しい。竜ケ崎ニュータウン内や郊外の主要道路沿いに大型商業施設が誕生したことにより，市民の買い物行動は分散的なものにシフトしてきたと

考えられる。

[参考文献]

石川雄一『郊外からみた都市圏空間－郊外化・多核化のゆくえ』海青社，2008 年

稲垣　稜『日常生活行動からみる大阪大都市圏』ナカニシヤ出版，2021 年

岩井優祈・頓宮康宏・大沼勇斗・岡田晃暉・清水友輝・中村瑞歩・胡思航・田紅佳・陳書誼・久保倫子「竜ケ崎ニュータウンにおける通勤および購買・余暇行動の変化－居住地区および世代間の差異に着目して」地域研究年報 44，2022 年

大塚俊幸「大都市圏郊外駅前地区におけるマンション居住世帯の日常生活行動－ JR 中央線勝川駅周辺を事例として」人文学部研究論集 31，2014 年

春日井市史編集委員会『春日井市史　現代編』春日井市，1994 年

春日井市まちづくり推進部都市整備課「愛知県春日井市・JR 春日井駅南東地区（建物名称:プラウドタワー春日井，さくらす春日井）:第一種市街地再開発事業・組合施行 / 工事完了」市街地再開発 622，2022 年

實　清隆「都市スプロールの社会経済的構造－大阪市近郊寝屋川市の例」経済地理学年報 20，1974 年

寝屋川市史編纂委員会編『寝屋川市史　第 10 巻　本文編』寝屋川市，2008 年

日野正輝・香川貴志編『変わりゆく日本の大都市圏－ポスト成長社会における都市のかたち』ナカニシヤ出版，2015 年

吉川祐介『限界ニュータウン－荒廃する超郊外の分譲地』太郎次郎社エディタス，2022 年

龍ケ崎市史編さん委員会編『龍ケ崎市史　近現代編』龍ケ崎市教育委員会，2000 年

28　第1部　都　市

第3章　地方中枢都市

1節　地方中枢都市の概要

地方中枢都市とは

　地方中枢都市（または広域中心都市）とは，日本の経済成長にともない企業が全国展開していく中で，各地方ブロックにおける拠点となった都市のことである。例えば，東京に本店を置く企業が九州地方に進出する際，九州地方全体を管轄する支店を福岡市に設置することが多い。一方，福岡市以外の九州地方の各県庁所在都市には，それぞれの県内を管轄する支店が設置されることがある。こうした企業組織を都市に置き換えれば，福岡市は他の県庁所在都市よりも階層の高い都市となる。ここでの福岡市のように，本店機能の多く立地する東京や大阪よりは下位に位置するものの，他の県庁所在都市よりは上位に位置する都市が，地方中枢都市に相当する。本店ではなく支店によって経済的な成長がもたらされたことから，「支店経済のまち」と呼ばれることもある。

地方中枢都市の形成と現在

　表3-1は，主要都市における本社（本店）と支所（支店）の推移を示したものである。1921年から1935年にかけて，札幌，仙台，広島，福岡の支所（支店）数が大幅に増加している。千葉（2018）によると，この時期に，これらの都市への軍事施設・組織の配置が進み，それに関連する人口増加によって営業拠点性が高まった。

　戦後の復興期から高度経済成長期にかけての時期には，支所（支店）数がさらに急増し，「支店経済のまち」としての性格がいっそう強化された。オイルショック後に相当する1975年から1985年には，東京，大阪，名古屋の三大都市において，本社（本店），支所（支店）の数が伸び悩みを見せるようになった。こうした中でも，札幌，仙台，広島，福岡は，高度経済成長期ほどではないにせよ，支所（支店）数は着実に増加していた。

　しかし，バブル経済が崩壊すると，「支店経済のまち」にも転換期が訪れた。支店従業者数が頭打ちを迎え，減少するようになった（日野，2018）。1990年代以降の不況下で，企業は，リストラの一環としてオフィスを集約化するようになってきた。2010年代に入り，支店従業者の減少は底を打ったが，新たに増加してきたのは，それまでの支店の主要業種であった卸売業，建設業，運輸・通信業，金融・保険業ではなく，建物サービス業，警備業，労働者派遣業

表 3-1　主要都市における本社（本店）数と支所（支店）数の推移

	1908 年		1921 年		1935 年		1950 年	
札幌	4	5	1	9	1	31	5	150
仙台	3	8	1	11	3	34	2	101
広島	2	10	5	13	6	32	4	87
福岡	2	8	3	27	5	56	11	192
東京	166	51	237	101	328	191	413	401
大阪	52	47	105	108	125	197	113	390
名古屋	19	15	15	47	23	113	24	221

	1960 年		1970 年		1975 年		1980 年		1985 年	
札幌	7	348	12	568	15	656	18	703	18	738
仙台	7	223	4	478	7	614	6	685	6	727
広島	6	209	10	511	13	626	14	656	18	718
福岡	11	368	19	614	19	736	20	772	19	846
東京	595	645	765	944	783	1,090	786	1,091	823	1,165
大阪	185	668	273	1,012	249	1,108	249	1,069	256	1,115
名古屋	45	511	65	870	63	967	63	974	71	1,037

左＝本社，右＝支所。
（阿部和俊『日本の都市体系研究』地人書房，1991 年，により作成）

といった現業的性格を有するものである（日野，2018）。

　このように，現在の地方中枢都市は，全国的な大手企業が地方ブロックを管轄するための支所を立地させることで発展するという「支店経済のまち」の性格は弱まっている。

地方中枢都市間の格差

　札幌，仙台，広島，福岡は，いずれも 1920 年代頃から支店が集積しはじめ，戦後の復興から高度経済成長期にかけて「支店経済のまち」として急成長してきた。こうした共通点により，「札仙広福」と一括りに呼ばれることが多い。しかし，これら 4 都市には相違する部分もあるし，格差も存在する。特に，戦後の復興から高度経済成長初期には，札幌と福岡が，仙台と広島を大きく引き離す成長を見せていた（表 3-1）。

　この時期の札幌と福岡の成長については，北川（1962）によって説明がなされている。北川（1962）は，①北海道や九州は，東京，大阪などから適度な距離にあり，しかも本州と分離した島嶼となっているため，まとまりのある統一体が形成されやすいこと，②本州に位置する仙台や広島は，戦後に高まった東京や大阪とのアクセシビリティによって，これら二大都市の影響力が大きくなるとともに，同じ地方ブロック内の他の県庁所在都市が同様の影響力によって直接二大都市と結びつくため，仙台や広島が同一地方ブロック内において中枢性を発揮するのを抑制してしまう，という 2 つの要因を挙げている。

　その後，大都市と地方を結ぶ交通網のさらなる発展により，札幌，福岡も東京や大阪とのアクセシビリティは高まっていったため，大都市からの隔離性という札幌，福岡の優位性は失われていった。むしろ，札幌の場合は，支店経済以外の経済基盤が弱かったことや，炭鉱の閉山をはじめとする北海道経済の不振により，支店の集積の勢いは弱まった。

　近年では，「札仙広福」の中でも福岡が頭一つ抜け出るような成長を示してきた。この背景

には，福岡市が九州だけでなくアジアの拠点としての地位を高めてきたことがある。これまでに福岡市では，アジアに関連するイベントの開催，アジア（韓国）との間の航路開設を積極的に進めてきた（久保，2017）。こうして，札幌，仙台，広島の後背地がそれぞれの地方ブロックのみに限定されるのに対し，福岡の後背地はアジアに広がり，これが福岡市の拠点性を高めるのにつながってきた。

2節　宮城県仙台市－東北地方の中枢都市

戦前までの仙台の中枢性

　仙台市は，1989年に東北地方初の政令指定都市となり，現在も東北地方において圧倒的な中枢性を発揮する都市である。伊達政宗による仙台城下町としても名高い。政宗は，広瀬川の河岸段丘上に仙台城（右岸）と城下町（左岸）を建設し，この地を治めた。仙台城の大手門から東に伸びる大町通りと，南北に走る奥州街道（現・国分町通り）の交差点である芭蕉の辻（札の辻）が城下町の中心であった。

　明治に入り，東京から東北方面へと鉄道を延伸していた日本鉄道（現・東北本線）は，当初，旧城下町から大きく東に外れた場所に仙台駅の開設を計画していた（仙台市史編さん委員会編，1993）。しかし，旧城下町の人々が，城下町に駅を引き込むことを要望し，最終的に現在の場所に仙台駅が建設され，1887年に開業した。東京方面から仙台駅に向かう際，広瀬川を越えたあたりで西側に大きく曲がっているのは（図3-1），上記のような事情を反映したものなのかもしれない。

　このように，東京と直接結ばれる近代鉄道体系に組み込まれたことや，鎮台が置かれ軍の中枢的機能を有するようになったことにより，19世紀末から東北地方の中枢都市としての役割を担うようになっていった。ただし，民間企業の全国展開にともなう支店の立地が進むのは戦後のことである。

地方中枢都市・仙台の発展

　戦時中の空襲によって，仙台の市街地は焦土と化した。戦後は，まずは戦災復興によってはじまった。例えば，仙台駅周辺などでは，戦後直後から無許可で建築された不法建築物が増加しており，それらが強制的に撤去されていった。また，仙台中心部の広瀬通り，青葉通り，東二番丁通り，定禅寺通りなどは，広幅員の道路として整備されることになった。その他，公園の整備，墓地の移転なども計画的に進められた。

　こうした戦災復興事業が一段落すると，高度経済成長期に入り，民間の大手企業の進出がはじまった。全国展開を視野に入れた企業が東北地方へ進出する際，東北地方全体を管轄する支店が仙台市に置かれた。そして，東北地方を管轄する仙台支店のコントロール下で，青森県，岩手県，秋田県，山形県，福島県それぞれを管轄区域として営業を行う支店（営業所）が，各県庁所在都市に置かれるようになった（日野，1996）。都市の階層性という点でみると，仙台は，

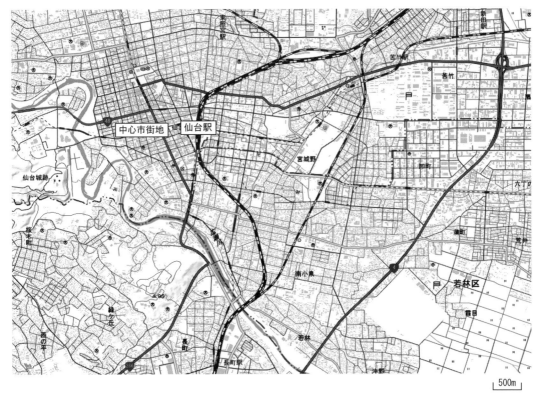

図 3-1　現在の仙台市中心部とその周辺地域
（地理院地図により作成）

他の5つの県庁所在都市よりも上位に位置付けられるようになった。このような支店経済のまちとしての発展は，主として高度経済成長期から1980年代にかけて進んだ。現在，東北地方におけるオフィスの仙台一極集中が顕著である。

　オフィス立地は，主として広瀬通り，青葉通り，東二番丁通りなどの広幅員の道路沿線において進んだ（図3-2）。これらの道路は，先述の戦災復興事業において拡幅された道路である（写真3-1）。また，1990年代前半までは，市街地全般に面的な広がりをもってオフィスが供給されてきたのに対し，1990年代後半以降は，南北に走る東二番丁通りと，東西に走る広瀬通り，青葉通りの交差する部分にオフィス供給が限定されるようになっているのも特徴の一つである。

　もう一つのオフィスの立地場所として仙台駅周辺が挙げられる。仙台駅周辺へのオフィス立地は，1982年の東北新幹線仙台駅開業が契機になっている。図3-2をみると，仙台駅周辺には，1960～70年代に竣工した賃貸オフィスビルは少なく，1980年代後半以降に竣工したものが多い。1990年代後半以降も，仙台駅周辺でのオフィス立地は継続しており，しかも大規模オフィスの供給が目立ってきたことが特徴である（写真3-2）。さらに，仙台駅の東側にもオフィスの立地が及んできた。仙台駅の東側では，1960年代から1970年代に着手された土地区画整理事業（新寺小路土地区画整理事業，仙台駅東第一土地区画整理事業）が，1990年代に入ってようやく完了し，オフィスビルの建設が進んできた。2015年には，仙台駅東第二土地区画整理事業が竣工し，仙台駅東側の整備は一通り完了した。こうした整備にともない，宮城野通り

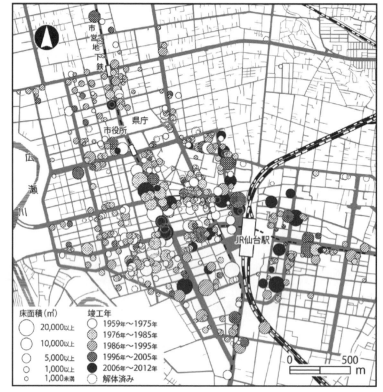

図3-2 仙台市都心部における竣工時期別・規模別にみた賃貸オフィスビルの分布
(松岡恵悟「仙台市における近年の賃貸オフィスビル立地とテナント移動による都心業務空間の再編について」人文地理学会大会研究発表要旨, 2013年, により作成)

写真3-1 東二番丁通りと広瀬通りの交差点付近
(2024年筆者撮影)

写真3-2 駅前通りと広瀬通りの交差点付近
(2024年筆者撮影)

を中心にまとまりのあるオフィス空間が形成されつつある(写真3-3)。

　バブル経済崩壊後,企業は全国的な支店再編を行っており,地方中枢都市における支店集積も縮小してきた(日野, 2018)。企業は,支店再編過程で,より利便性の高い地区への集約を図ってきた。仙台駅周辺や,東二番丁通りと広瀬通り,青葉通りの交差する地点にオフィス供給が集中するようになってきたのには,このような背景があると考えられる。

中心商業地の変容

仙台では伝統的に一番町と仙台駅前が中心商業地として知られている。一番町とは，南北に伸びる東一番丁通り沿いを中心とした商業集積地であり，北は定禅寺通り，南は南町通りまでの約900メートルにわたって商店街が形成されている。仙台三越や藤崎百貨店などの百貨店が立地するのもこの地区である。もう一方の仙台駅前には，若者向けのファッションビルである仙台パルコや，駅ビルの商業施設であるエスパル仙台がある。エスパル仙台は，本館，東館，エスパルⅡの3館からなる巨大な商業施設である。一番町，仙台駅前のいずれも，広域にわたる商圏を形成しており，宮城県内だけでなく周辺県からも消費者を吸引する中心商業地である。このうち仙台駅周辺では，東北新幹線仙台駅開業に向けた仙台駅地区整備事業が実施され，大規模商業施設が進出してきた（千葉，2018）。図3-3によれば，1970年には一番町と仙台駅前の商業規模は同等であったが，1999年には仙台駅前が上回るようになった。

こうした中心商業地間の関係のみならず，近年は，中心商業地と郊外の新興商業地との競合も激しくなっている。北部に位置する泉中央地区は，1992年に地下鉄南北線泉中央駅が開業して以来，住宅地化，商業集積が進んだ地区である。南部に位置する長町地区は，JR東北本

写真3-3 仙台駅東側のオフィスビル（宮城野通り）
（2024年筆者撮影）

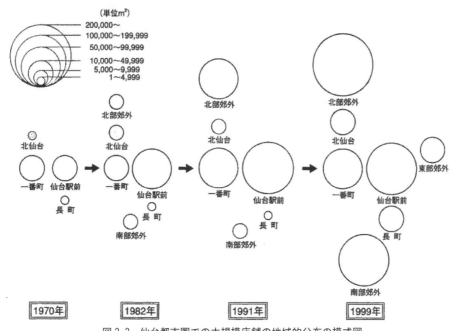

図3-3 仙台都市圏での大規模店舗の地域的分布の模式図
（千葉昭彦「戦後の仙台の都市機能・拠点性の変遷」経済地理学年報64-4，2018年，により作成）

線と地下鉄南北線の長町駅を中心とした地区である。かつての長町操車場跡地が再開発され，「あすと長町」として街びらきが行われた。現在，中高層マンションが立地する他，IKEA をはじめとする大規模商業施設も多く立地している。

3節　広島県広島市－中国地方の中枢都市

近代の広島

　現在の広島市（図 3-4）の基盤は，毛利輝元によって 1589 年に広島城が築城され，その後の福島氏によって城下町が本格的に整備された時代に固まったといってよい。江戸時代には，瀬戸内最大の都市として栄え，明治に入ってもその地位は変わらなかった。1894 年に山陽鉄道（現・JR 山陽本線）が広島まで開通，軍用線として宇品線が広島駅と宇品港の間に開通，1912 年に広島電気軌道（現・広島電鉄）が路面電車を開業すると，その交通条件によって商工業や軍事施設が立地していった。

　終戦間際の原爆投下により，広島市は壊滅状態に陥ったが，戦後まもなく広島平和記念都市建設法が制定され，それに基づいて広島平和記念都市建設計画が策定された。平和記念公園をはじめ市内に公園，緑地を配置することや，100 メートル道路などの広幅員道路を建設することなどが盛り込まれたこの計画は，戦後の広島の都市構造の根幹をなすものとなった。

広島市のオフィス立地

　先述の仙台市と同様，広島市も地方中枢都市に位置づけられる。1980 年に政令指定都市に移行し，中国地方の中枢都市としての地位は高いといえる。ただし，同じ中国地方には岡山市（2009 年に政令指定都市に移行）があり，同市におけるオフィス立地も少なくない。中国地方だけでなく，中国地方と四国地方を視野に入れた支店を置く際，両地方の結節点に当たる岡山市を選定する企業も少なからずある。そのため，オフィス立地に関する中国地方での広島市の卓越度は，北海道，東北地方，九州地方それぞれにおける札幌市，仙台市，福岡市の卓越度ほどは顕著ではないといえる。また，戦前・戦中の軍との取引や軍からの要請などによって，三菱重工業，東洋工業（現・マツダ）などの造船業，機械工業が成長してきた経緯から，現在でも他の地方中枢都市に比べて製造業の比重が高いのも，広島市の特徴である。

　高度経済成長期に入り，民間の大手企業が広島に進出する際，多くは八丁堀，基町，紙屋町といった都心部にオフィスを構えた。特に，紙屋町交差点を起点として，東の八丁堀方面，南の市役所方面には，高層オフィスビルの林立するオフィス街が形成された（吉田，1972）。企業は，目まぐるしく変化する環境に対応するために，最適立地を求めてオフィスの移転を行う。経済成長が進むにつれて，オフィス供給範囲が都心だけにとどまらず，都心周辺部にも広がっていった。都心の地価上昇や新規の顧客獲得のために，都心周辺部にオフィスを移転する企業も現れた。1964 年から 1978 年にかけての広島市の支店オフィスの移転パターンを検討した山崎（1980）によると，多数の企業が都心周辺部への移転を行っている一方で，金融業の移転は

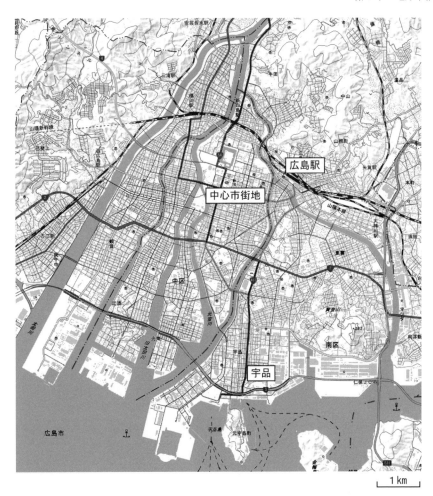

図 3-4　現在の広島市中心部とその周辺地域
(地理院地図により作成)

少なく，移転したとしても都心内での短距離移転が大半となっている。ここから，大手金融機関の求心性がみてとれ，都心オフィス街の形成には大手金融機関が担ってきた部分が大きいと考えられる。

　バブル経済崩壊後，他の地方中枢都市と同様，広島市においても支店オフィスの縮小統合がみられた。その際，大手金融機関は，大規模で路線価の高い地点のビルにオフィスを集約し，小規模で立地条件の不利なビルを売却した（坪本，2015）。売却されたビルは，主として地元資本の不動産業者が購入した。すなわち，都心のオフィス供給の主役が，大手金融機関から地元資本へとシフトしてきたといえる。

　バブル経済崩壊後のもう一つの特徴として，大規模オフィスビルの供給が進んできたことがある。しかも，これらのビルは，紙屋町交差点から市役所にかけての一等地に立地している（写真3-4）。仙台（2節）においても言及したように，支店再編過程における，より利便性の高い地区への支店の集約を反映したものと思われる。

　広島市におけるもう一つの主要地区である広島駅周辺に目を向ける。広島駅は，京橋川や猿

写真 3-4　紙屋町交差点付近の大規模オフィス
（2024 年筆者撮影）

写真 3-5　広島 JP ビルディング（左）と広島駅前のタワーマンション（右）
（2024 年筆者撮影）

猿川によって中心市街地（旧城下町エリア）とは分断されている。そのため，高度経済成長期には支店オフィスの立地はみられず，広島駅の南側は，低層の住宅や店舗が密集する市街地が形成されていた。2010 年代に入ってから，それらの密集市街地において市街地再開発事業が進められるようになったが，新たに誕生した再開発ビルは，低層階に店舗，高層階にはマンションの，いわゆるタワーマンション型となっている（川瀬，2018）。支店の縮小統合という趨勢に加え，中心市街地から離れている地理的条件から，オフィスではなくマンションという身の丈に合った再開発になったとみられる。一方で，広島駅前というポテンシャルに着目し，日本郵政は，広島東郵便局を取り壊し，オフィスを主体とする広島 JP ビルディングに建て替えた（写真 3-5）。

中心商業地の変容

　戦前における軍事施設の立地は，広島における消費需要を高めた。それにともない商業立地も進んだ。地元の老舗百貨店である福屋が 1938 年に八丁堀本店を開業したのは，戦前の大都市・広島を象徴するものといえる。本格的な商業立地は，大手企業の支店オフィスが集積するようになった高度経済成長期以降である。広島市の中心商業地は，アーケードのある本通商店街を中心に形成されている。高度経済成長期以降，この商店街付近には，天満屋広島店（1956年），ユニード（1967 年），ダイエー（1970 年），サンモール（1972 年），三越広島店（1973 年），そごう広島店（1974 年）などの大型商業施設が立地するようになった（広島市，1983）。さらに 1994 年には，若者向けのファッションビル・パルコが開業した。こうした大型店と商店街の中小小売店が集積するこの地区は，広島市の最上位中心地として機能してきた。

　一方，副次中心地といえる広島駅周辺は，小規模な駅前商店街や寄合百貨店（小規模小売業が集積した建物），総合スーパーが立地する程度であった。1999 年，広島駅南口 A ブロック市街地再開発事業によって誕生した再開発ビルに福屋広島駅前店が入居したことで，広島駅前の商業機能は充実しはじめた。とはいえ，続いて実施された広島駅南口 B ブロック，C ブロック市街地再開発事業では，商業施設がメインではなく，先述の通りタワーマンションが建設さ

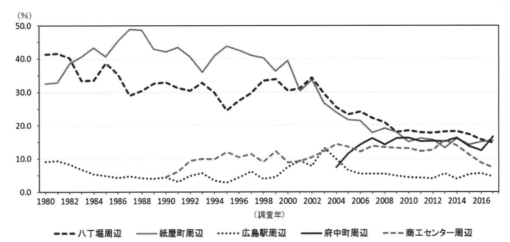

図 3-5 広島市および周辺市町村における「一番買い物に行く繁華街」の割合の推移（1980～2017年）
（川瀬正樹「人口流動と開発動向からみた広域中心都市・広島の変容」経済地理学年報 64-4, 2018 年, により作成）

れることとなった。やはり，紙屋町や八丁堀に比べると，商業機能の低さは否めない。

近年は，郊外への大型商業施設の進出が著しく，広大な工場跡地に大規模ショッピングセンターが立地するケースが相次いでいる（川瀬，2018）。こうした店舗との競合により，中心商業地の地位は低下しつつある（図3-5）。2012年に天満屋が閉店し（写真3-6），2023年にはそごう広島店の新館が閉館となるなど，地盤沈下は進んでいる。

写真 3-6　旧天満屋（左）と福屋百貨店（右）
旧天満屋の建物には現在 Labi ヤマダが入居している。
（2024年筆者撮影）

[参考文献]
川瀬正樹「人口流動と開発動向からみた広域中心都市・広島の変容」経済地理学年報 64, 2018 年
北川建次「日本における広域中心都市の発達とその意義」人文地理 14, 1962 年
久保隆行「地方中枢都市のグローバル都市化－「札仙広福」35 年間の軌跡と展望」都市政策研究 18, 2017 年
仙台市史編さん委員会編『仙台市史　通史編 6：近代 1』仙台市, 1993 年
千葉昭彦「戦後の仙台の都市機能・拠点性の変遷」経済地理学年報 64, 2018 年
坪本裕之「バブル経済期以降の広島市中心部における業務地域の変容」都市地理学 10, 2015 年
日野正輝『都市発展と支店立地－都市の拠点性』古今書院, 1996 年
日野正輝「地方中枢都市の持続的活性化のための自都市中心のネットワーク形成」経済地理学年報 64, 2018 年
広島市『広島新史地理編』広島市, 1983 年
山崎　健「都市内部における支店オフィスの移転パターン－広島市の場合」地理科学 34, 1980 年
吉田　宏「都市内部における支店等事業所の分布構造－広島市を例として」地理科学 16, 1972 年

38　第1部　都市

第4章　県庁所在都市

1節　県庁所在都市の概要

廃藩置県

　明治政府は，中央集権体制を確立するために，全国の大名領を廃止して新たに府県を置くことにした。まず，鳥羽・伏見の戦い（1868年）の後，旧幕府領や，反政府側についた大名領を接収して府県とし，残りとあわせて府藩県三治制がとられた（松尾，2001）。その後，1871年に廃藩置県が実施され，廃止された藩を県とし，それまでの府県とあわせて3府302県体制となった。この3府302県体制には，県の区画が細かすぎて非効率であるという課題が残っていた。そこで，小藩の統合や飛地の解消を進め，3府72県体制へと移行した（第1次府県統合）。

　1876年には，第2次府県統合が実施され，3府35県，それに開拓使（北海道）と琉球藩が加わる形となった。琉球藩は1879年に沖縄県に改称され，3府36県と1開拓使の体制となった（開拓使は1882年に廃止され，札幌県，函館県，根室県となる）。しかし，この体制に不満を持つ地域は多かった。例えば，江戸時代には伊予，讃岐，阿波，土佐から成っていた四国が愛媛県と高知県の2県のみとされていたり，南九州では日向，大隅，薩摩が鹿児島県として一つにまとめられていたりした。こうした地域では，分県運動が活発になった。この結果，いくつかの分府県が進み，1893年にほぼ現在の47府県体制が確立することになる（齊藤，2020）。

県庁所在都市の中枢性

　県庁所在都市とは，広域自治体である県の庁舎が置かれている都市のことであるが，単に県庁舎という建物が置かれているだけにとどまらず，大きな影響力を持っている。広域自治体である県は，県内の市町村を管理，統括する立場にあると同時に，中央政府と市町村の間の介在者としての役割も持つ。また，県は，国の行う事務を分掌するという役割も担ってきた。そのため，国の出先機関の多くは県庁所在都市に置かれる。さらに，こうした多くの公的機関との近接性を求めて，民間企業も県庁所在都市に集中するようになる。このため，県庁所在都市には，経済的中枢管理機能や人口が集積する傾向にある。

　人口を例にとると，県庁所在都市の人口が当該県において1位でないのは，福島県，群馬県，静岡県，三重県，山口県のわずか5県のみである。福島県の県庁所在都市である福島市は，産炭地や新産業都市としての歴史を持ついわき市，県央に位置し拠点性の高い経済都市である郡

山市に次いで第3位となっている。山口県の県庁所在都市である山口市は，関門海峡に位置する港湾都市である下関市に次いで第2位である。静岡県，三重県には，それぞれ浜松市，四日市市という有力な工業都市が存在するため，県庁所在都市である静岡市，津市は第2位にとどまっている。群馬県では，交通の要衝である高崎市の人口が，県庁所在都市である前橋市のそれを上回っている。ただし，こうした例外を除けば，やはり各県における県庁所在都市の重要性は極めて高い。上述の県庁所在都市においても，人口は県内第1位ではないものの，行政機能をはじめとして，一定の中枢性を維持している。

人口移動における県庁所在都市の役割

　日本の全国的な人口移動を考える際，大都市圏と非大都市圏に分けることが多い。高度経済成長期における大都市圏への人口集中，オイルショック以後の非大都市圏へのUターン移動，1980年代後半の東京圏一極集中，バブル崩壊後の東京圏の転入超過の縮小，そして1990年代後半以降の東京圏への再集中が，日本の戦後の人口移動の趨勢であった。非大都市圏が一括されるこうした議論では，非大都市圏内の移動パターンは見えてこない。梶田（2016）によると，非大都市圏の多くの県において，県人口に対する県庁所在都市の人口割合は，高度経済成長期以降，着実に上昇してきた。つまり，大都市圏への人口集中が続いていた時期にあっても，非大都市圏内の各県においては県庁所在都市一極集中が発生していたといえる。県庁所在都市自体は，県内からは大幅な転入超過である一方，大都市圏に対しては転出超過であった。県内から人口を吸収し，大都市圏へ人口を送り出す給水ポンプのような役割（森川，2020）を果たしていたといえよう。

　このような傾向は，将来人口にも影響を及ぼしている。今後も非大都市圏の人口減少は続くと予測されているが，そうした中でも，県庁所在都市の人口減少は比較的緩やかなものにとどまるとされる。この要因として，15-19歳や20-24歳といった若年層の県庁所在都市への流入や，そうした若年層の流入が将来的な出生数の増加につながることが挙げられている（小池，2018）。

　近年，県庁所在都市には，非大都市圏から大都市圏への人口流出を食い止めるための「ダム機能」の役割が求められている。非大都市圏においては，都市機能のトータルでの減少，衰退は避けられないが，残された機能を県庁所在都市に集約することで，最後の砦である県庁所在都市の機能を維持しようとするものである。まさに県庁所在都市は，非大都市圏の今後の命運をも握っているといえる。

2節　群馬県前橋市－高崎との双子都市

高崎から前橋への県庁移転

　1871年に廃藩置県の詔が出され，それまでの藩が県に名称変更となり，前橋藩も前橋県となった。その3か月後には，旧藩を母体とする県が統合されて群馬県が成立する。その際，県

庁は前橋ではなく高崎に置かれることが決定された。高崎のほうが交通に恵まれていたことや，前橋が利根川左岸に位置し，氾濫の可能性や，東京から向かう際に利根川が障壁になる点が懸念されたためであると考えられている（前橋市史編さん委員会編，1978）。しかし，県庁になるとされていた旧高崎城が陸軍省に接収されることになったため，急遽，前橋への県庁の移転が決定した。

ところが，1873年には，入間県（県庁＝川越）と群馬県が合併して新たに熊谷県が設置され，県庁は熊谷となった。その約3年後の1876年には，全国的な府県の統合がなされ（第2次府県統合），熊谷県では，旧武蔵国に相当する部分を埼玉県に移し，栃木県に属していた旧上野国の地域を熊谷県に戻したうえで，県名が熊谷県から群馬県に変更されることとなった。こうして再び群馬県の名称が復活したが，この際も県庁は高崎と決定した。

こうした中，前橋に県庁を誘致しようとしたのが，生糸の輸出で財を蓄えた前橋の商人たちであった。後に初代前橋市長となる生糸商の下村善太郎を中心に，県庁舎，官舎，師範学校，衛生局などの建設を負担するための寄付を行った。こうした運動が実り，1881年，再び県庁が前橋に移転されることになった。高崎側の反発は相当なものであったが，前橋への県庁移転は覆らなかった。

前橋と高崎の市街地連坦

群馬県庁は，旧前橋城の本丸があった場所に立地している（図4-1）。江戸時代には，本丸周辺に武家屋敷が配置されていたが，現在は，市役所，裁判所，国の出先機関などに利用されている。その東側の町人地であった場所が，前橋市の現在の中心商業地となっている。このように，前橋の中心部は，旧城下町の構造がそのまま活かされている。

オフィスは，中心市街地に集積する傾向にある。大規模オフィスビルは，県庁から東に伸びる県庁前通り，本町一丁目交差点から南東方向に伸びる国道50号，本町二丁目交差点から前橋駅方面に伸びる県道17号に沿って立地している（写真4-1）。

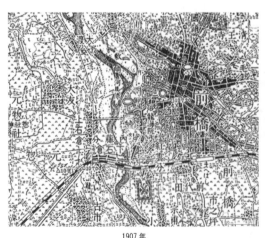

1907年　　　　　　　　　　　　　　　現在

図4-1　20世紀初期と現在の前橋市中心部とその周辺地域
（「今昔マップ on the web」により作成）

写真 4-1　前橋市中心部のオフィス地区（本町二丁目交差点付近）　　写真 4-2　国道 17 号沿いのロードサイド型店舗
　　　　　　（2024 年筆者撮影）　　　　　　　　　　　　　　　　　　　　　　　　（2024 年筆者撮影）

　モータリゼーションとともに，オフィスの郊外化が進んできた。特に，中心市街地から利根川をはさんで西側の総社地区におけるオフィスの増加が顕著である。総社地区には，1970 年に前橋問屋団地（図 4-1）が建設され，前橋市内の卸売関連の企業が移転してきた。卸売部門にとどまらず，1972 年には，群馬銀行本店（図 4-1）が中心市街地から当地区に移転してきた（菊池，2005）。総社地区は，前橋と高崎を結ぶ国道 17 号の通っている地区であり，両都市へのアクセスの容易さも，この地区にオフィス機能が立地した背景にあると思われる。国道 17 号は交通量が多いため，小売業やサービス業にとっても魅力的である。このため，国道 17 号沿いには，チェーン展開する小売業，サービス業，飲食店などが建ち並ぶようになった（写真 4-2）。これにより，現在では，前橋，高崎の両都市の市街地が連坦するまでに至っている。

中心市街地の発展と現状

　前橋市中心市街地活性化基本計画（2017 年）では，JR 前橋駅を含む約 228 ヘクタールを中心市街地と定めている。そのうち，前橋城下町時代からの商業地を，「歴史的にも商業集積水準が突出して高く，また近年に至るまで，独自の都市文化を維持している都心拠点」として，重点区域に定めている。

　1960 年代から 1970 年代にかけて，このエリアでは大型店の出店が相次いだ（太田，2021）。主なものとして，前三百貨店，スズラン百貨店，前橋西武，ニチイなどがあった。特に，前三百貨店は，地元資本の百貨店として，1964 年の開業以来，圧倒的な顧客吸引力を有していた。しかし，徐々に後発の百貨店であるスズラン百貨店や前橋西武などに顧客を奪われるようになった。戸所（1991）が 1981 年に実施した来街者への買い物先アンケート調査によれば，買回品の購入先のうち，スズラン百貨店が 43.1%，前橋西武が 17.6% であるのに対し，前三百貨店はわずか 6.4% になっていた。このように，中心商業地内で大型店どうしの競争が激化していたということは，裏を返せばそれだけ中心商業地が賑わっていたということでもある。

　中心商業地内で競争を演じていた大型店は，今やごく僅かが残るに過ぎない。前三百貨店，前橋西武が閉店し，現在ではスズラン百貨店が前橋市で唯一の百貨店となった。中心市街地全

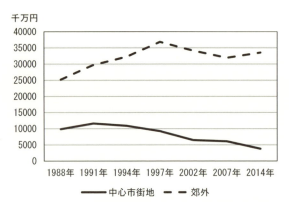

図 4-2　前橋市における中心市街地と郊外の年間商品販売額の推移
（前橋市中心市街地活性化基本計画（2017）により作成）

写真 4-3　スズラン百貨店の移転予定地
奥に見えるのは，現在のスズラン百貨店。
（2024 年筆者撮影）

写真 4-4　市街地再開発事業によって誕生した
タワーマンション
（2024 年筆者撮影）

体としても，衰退は顕著である（図 4-2）。

　しかし，スズラン百貨店は，隣接する建物を取得して新館を建設するなど，中心商業地内での地位を維持してきた。さらに，現在進められている「千代田町中心拠点地区市街地再開発事業」では，中心商業地においてマンション，教育文化施設（学校，市立図書館），オフィス，商業施設を一体的に建設することが予定されており，スズラン百貨店は，この事業によって誕生する商業施設へ移転する見込みである（写真 4-3）。この大規模事業により，中心商業地の再生がどのようになされるのか，興味深いところである。

　もう一方の核である JR 前橋駅周辺に目を向ける。JR 前橋駅は，両毛鉄道の駅として開業したものである。小山駅（栃木県）から延伸してきた両毛鉄道は，1889 年に前橋まで開通した。次いで，日本鉄道によって，高崎駅から前橋駅までが延伸された。こうして，東側は両毛鉄道によって，西側は日本鉄道によって前橋までの鉄道ルートが確立されたが，両鉄道会社は後に国有化され，両毛線となった。前橋駅が開設された場所は，城下町の南の外れであった。現在においても，県庁所在都市の表玄関でありながら，前橋駅周辺の開発は進んでいないのが実情である。

こうした中，前橋駅から約500メートル南のダイハツ車体の工場跡地に，商業施設のけやきウォーク前橋が2007年に開業した。駐車場付きの大規模商業施設であり，車での来客を想定したものではあるが，前橋駅からも徒歩圏内に位置するため，前橋駅からの人の流れもみられる。前橋駅北口では，JR前橋駅北口地区第一種市街地再開発事業が実施された。2024年3月に事業が完了し，再開発ビルの上層階には分譲住宅，低層階は店舗や子育て支援施設が入居している（写真4-4）。こうした動向によって前橋駅周辺にも変化がみられるが，やはり旧城下町エリアとの格差は依然として大きい。

3節　千葉県千葉市−東京大都市圏郊外の県庁所在都市

県庁所在都市・千葉市の誕生

千葉市の発展は，1126年6月1日に千葉常重が現在の中央区亥鼻付近に本拠を構えたことにはじまるとされる。この時に初めて「千葉」と名乗ったことから，千葉市では6月1日を「千葉開府の日」に定めている（千葉市HPより）。15世紀に千葉氏が本拠を佐倉に移すと，千葉の都市的発展も衰えはじめ，江戸時代には現在の千葉市域の大部分が佐倉藩領の一部となった。

明治に入り，当時の千葉町は，府藩県三治制によって設置された葛飾県の一部となった。1871年の廃藩置県とそれにともなう第1次府県統合の結果，葛飾県は廃止され，新たに設置された印旛県の一部となった。1873年，木更津県と印旛県が合併して千葉県ができるが，その県庁所在地に千葉町が選ばれた。当時，千葉県内でも特に人口規模の大きな町ではなかった千葉町に県庁が置かれた要因として，交通の要衝の地であること，海運の便がよいこと，木更津県と印旛県の中間にあること，中間地点であれば両県の不満も抑えられること，などが挙げられる（千葉市史編纂委員会編，1974）。

県庁舎は，現在の中央区市場町に建設された（図4-3）。何度か建て直されてきたが，現在に至るまで場所はほぼ変わっていない。県庁が設置されたことにより，裁判所，師範学校などの行政施設や教育施設も集積するようになり，官庁街が形成されていった。小さな町であった千葉町が，県庁設置後わずかの期間で急速に発展し，商工業都市へと変貌していった。他の多くの県庁所在都市には遅れをとったものの，1921年に市制が施行された。県庁の設置が千葉市の運命を変えたといってよい。

千葉市中心部への商業集積

県庁設置にともなう人口増加は，千葉市への商業の集積をもたらした。鉄道交通においても，1894年に総武鉄道（現・JR総武本線）の千葉駅が，1921年には京成電気軌道（現・京成電鉄）の千葉駅（京成千葉駅）が開業するなど，千葉の拠点性，利便性は向上していった。こうした背景により，早くも1930年に地元の百貨店である奈良屋（後の三越千葉店）が開業した。

本格的な商業集積は，1960年代前後からである。高度経済成長に入り，千葉市の人口成長がさらに進んだ（図4-4）。1963年には国鉄千葉駅が現在地に移転し（図4-3），それにともなっ

44　第1部　都　市

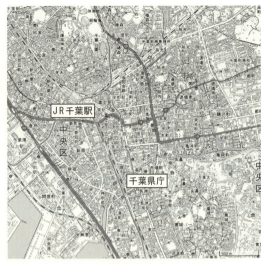

1903年　　　　　　　　　　　　　　　　現在
図4-3　20世紀初期と現在の千葉市中心部とその周辺地域
（「今昔マップ on the web」により作成）

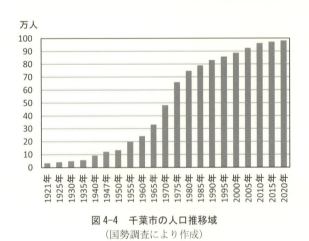

図4-4　千葉市の人口推移域
（国勢調査により作成）

て千葉駅前大通りの整備がなされた（写真4-5）。この千葉駅前大通りには，1967年に千葉そごうが出店し，1972年には奈良屋が移転してきた。1984年に奈良屋を三越千葉店が引き継ぐと，そごうと三越という全国的な百貨店が千葉駅前大通りに並ぶ構図となった。この他，千葉市の中心部には，1959年に扇屋（現・「きぼーる」），1964年に田畑百貨店（後の千葉パルコ），1967年に千葉緑屋などの百貨店が立地し，商業中心地としての地位を確立した。

　しかし，その後は，千葉市中心部の百貨店は減少してきた。扇屋は1976年に総合スーパーのジャスコと提携して扇屋ジャスコとなった。田畑百貨店は閉店し，その跡地に入居した千葉パルコも2017年に閉店した。千葉緑屋は1983年に閉店となった。そして，1984年に奈良屋の後を継いで千葉駅前大通りに開業した三越千葉店も，2017年に閉店した。その跡地には，タワーマンションが建設中である（写真4-5）。人口の都心回帰の流れは，千葉市中心部にも着実に及んでいる（写真4-6）。

千葉市のオフィス立地
　千葉市では，百貨店だけでなくオフィスの立地も進んだ。人口が増加し市場としての魅力の増してきた千葉市に対し，東京などに本社を置く大企業が支店を構えるようになってきた。特

写真 4-5　千葉駅前大通り
左の工事現場は三越千葉店のあった場所であり，現在タワーマンションを建設中。（2024年筆者撮影）

写真 4-6　千葉市中心部のタワーマンション
（2024年筆者撮影）

写真 4-7　幕張新都心
（2024年筆者撮影）

に，千葉駅前大通りとその付近には，有力企業のオフィスが建ち並んでおり，ここから県庁までのエリアは，千葉市の都心と呼ぶにふさわしいといえる。

　千葉市では新都心も形成されてきた。幕張地区の幕張新都心がそれである。しかし，幕張新都心は，千葉市の都心に対する新都心ではなく，東京の都心に対する新都心と位置付けられる。1983年に千葉県は，「千葉新産業三角構想」を立ち上げ，幕張地区の企業集積，成田空港周辺の工業集積，木更津の研究学園都市（かずさアカデミアパーク）建設により，相乗効果による産業活性化を目指した。このうちの幕張地区は，東京の過密化を防ぐことを主たる目的とした国の政策（業務核都市構想）の中に位置づけられるようになり，本格的なオフィス集積が進められた（写真4-7）。千葉県を管轄する企業の支店，バックオフィスなどに加え，全国的な有力企業の本社も立地するようになった。幕張新都心には，欧風の町並みを演出した住宅街「幕張ベイタウン」も誕生している（久保，2015）。

東京依存からの脱却を目指す都市

　千葉市は，県庁所在都市であり，かつ政令指定都市（1992年指定）でもある。すなわち，一般的な市町村よりも財源や権限を多く持つ大都市という位置づけにある（第1章）。しかし，

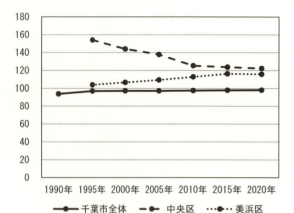

図 4-5　千葉市における昼夜間人口比率の推移
1990年の中央区，美浜区のデータは，政令指定都市以前のため存在しない。
（国勢調査により作成）

東京大都市圏郊外という性格も有しており，就業機会を東京に依存する状況の克服を目指してきた。幕張新都心には東京依存からの脱却を進めるという意図もあった。

　結果としてどれほど東京依存が解消されたのだろうか。図4-5は，千葉市における昼夜間人口比率の変化を示したものである。千葉市全体をみると，1990年から1995年にかけて比率の上昇がみられ，その後は横ばいあるいは微増である。千葉駅を含み，千葉市の伝統的な都心とみなせる中央区をみると，先述の人口の都心回帰によって夜間人口が増加してきたことにより，比率は低下傾向にある。一方，美浜区では，区内の幕張新都心にオフィスが継続的に立地してきたことなどから，比率の上昇がみられる。その結果，1995年には中央区のほうが美浜区よりも50ポイントほど高かった昼夜間人口比率が，2020年にはわずか6ポイント程度の差に縮小した。幕張新都心の誕生は，千葉市における東京依存の若干の解消と，千葉市内の2核化をもたらしたといえる。

4節　香川県高松市－四国地方最大の支店経済都市

高松に県庁が置かれるまでの経緯

　1871年に廃藩置県の詔が出されると，その翌日には高松藩が廃止され，高松県が設置された。しかし，わずか4か月後に丸亀藩との合併により高松県は廃止され，新たに香川県が設置されることになった。県庁は，高松内町（現・高松市丸の内）の士族旧邸に置かれた。これ以降，県庁周辺は官庁街として発展していくこととなる。

　1873年には，阿波，淡路の一部とともに名東県に属すことになり，香川県は廃止される。その際，県庁は徳島に置かれ，旧香川県庁は高松出張所に格下げとなった。これに対する不満は大きく，分県を求める声は大きくなっていった。その結果，1875年に，名東県から讃岐国を分離して再び香川県が設置された。しかし，その翌年（1876年）には愛媛県に併合されることとなり，愛媛県讃岐国と呼ばれるようになった。ここでも，高松には県庁ではなく支庁または出張所が置かれることとなり，再び分県運動が活発化していった（高松百年史編集室，1988）。1888年，愛媛県から分離し，香川県が復活した。この香川県の誕生をもって，現在の47都道府県名が確定した（齊藤，2020）。

　高松県や，第1次，第2次香川県の時代の県庁は士族旧邸に置かれたものであったが，1894年，正式の香川県庁舎が，旧県庁と同じく高松内町に完成した。この新県庁舎は約50年間使

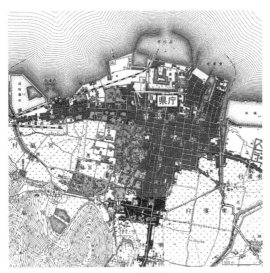 

　　　　　1910年　　　　　　　　　　　　　　　現在
図 4-6　20 世紀初期と現在の高松市中心部とその周辺地域
（「今昔マップ on the web」により作成）

用されたが，戦時中の空襲により焼失したため，戦後に現在地（高松市番町）に移転している（図 4-6）。

四国地方の中枢都市・高松

　高松市の人口は 417,496 人（2020 年）を誇り，香川県人口（950,244 人）の 4 割以上を占めている。県内第 2 位の丸亀市の人口（109,513 人）が高松市の約 4 分の 1 であるから，高松市は，香川県における圧倒的な「首位都市」といっても過言ではない。

　香川県の中心都市であると同時に，高松市には，四国の玄関口，拠点都市としての側面もある。1910 年に，宇高連絡船が岡山県宇野―高松間の運航を開始したことにともない，四国以外から四国に上陸する際の玄関となった。さらに，1920 ～ 30 年代には，四国内において鉄道網が拡大していった。予讃線が松山まで，土讃線が高知まで，高徳線が徳島まで開通すると，船で高松まで来て，高松から松山，高知，徳島に鉄道で向かうルートが確立され，四国の玄関口としての機能は高まっていった。

　このような玄関口としての役割は，国の出先機関や，企業の支店の進出を促すことになった。戦後，特に高度経済成長期以降，四国全体を管轄する出先機関や企業支店が高松市内に置かれるようになり，高松市は四国地方の中枢都市としての性格を有するようになった。四国の人口，経済規模がそれほど大きくないため，「札仙広福」ほどの中枢管理機能量はないが，四国の他の県庁所在都市に比べると中枢性は高い。なお，四国における人口規模最大の都市は，高松市ではなく松山市（511,192 人）である。しかし，四国全体を管轄する企業支店数は，松山市よりも高松市に多い（白石，2007）。明治期の名東県時代や愛媛県時代には，県庁ではなく支庁や出張所に甘んじていた高松であるが，今や四国地方の中枢都市としての格を備えた都市へと変貌したといえる。

表 4-1 主要地域と高松市との転出入（2022 年）

	転入者	転出者	転入超過数
東京圏	1,604	2,320	-716
名古屋圏	350	495	-145
大阪圏	1,846	2,437	-591
岡山市	440	438	2
広島市	311	424	-113
香川県内	3,317	2,684	633
徳島市	380	359	21
松山市	573	613	-40
高知市	398	357	41
福岡市	161	218	-57

（住民基本台帳人口移動報告により作成）

人口移動の観点から高松市を位置づけていく。表 4-1 は，高松市と主要地域の間の転出入について示したものである。香川県内からは大幅な転入超過，三大都市圏へは大幅な転出超過が認められる。県庁所在都市に典型的な，県内から人口を吸収し大都市圏へ人口を送り出す給水ポンプ（森川，2020）の役割がみて取れる。四国内の他の県庁所在都市との関係をみると，徳島市，高知市からは転入超過がみられるが，松山市に対しては転出超過となっている。中枢管理機能という点では松山市ではなく高松市に軍配が上がるが，松山市の人口吸引力は大きい。四国内における高松市と松山市の拮抗する力関係が垣間見れる。近くの地方中枢都市である広島市や福岡市に対しては転出超過であるが，わずか 2 人といえ岡山市からの転入超過である点は興味深い。

高松市のオフィスの立地

先述のように，四国の玄関口としての性格を持つ高松市には，四国全体を管轄する出先機関や企業支店が集積し，地方中枢都市としての成長もみられる。こうした成長の象徴がオフィスである。東京や大阪に本社を置く全国的な企業が進出地域に支店を置く場合，その進出地域の中心都市，しかもその都心部を指向する傾向が強い。松山市における企業支店は離心的傾向（周辺立地）であるのに対し，全国的な企業の進出が多い高松市の場合は求心的傾向（都心立地）が強い，という白石（2007）の指摘は，このことを明瞭に裏付けている。

高松市の都心部の中でも，特にオフィスの集積が顕著なのは，中央通りである（写真 4-8）。戦後の戦災復興都市計画によって整備された中央通りでは，高度経済成長期に，県外企業の進出によって支店オフィスの集積が進んだ。特に，北は高松駅周辺から，南は JR 高徳線と交わるあたりまでの区間においてオフィス立地が顕著であった。古賀（2020）によると，近年の中

写真 4-8 高松市の中央通り
（2024 年筆者撮影）

写真 4-9 サンポート高松
（2024 年筆者撮影）

央通りにおけるオフィス立地は，高層オフィスビルの多くを占める貸ビルを中心に，より北側（高松駅方面）にシフトするようになっている。また，高松駅の北にある高松港周辺では，1990年代末以降，高松駅新駅舎建設と連動した再開発が行われ，サンポート高松（写真4-9）が誕生した。その一角にある超高層ビルの高松シンボルタワー（2004年開業）には，企業のオフィスが多く入居している。2006年，2017年にそれぞれ開業した高松サンポート合同庁舎北館と南館には，国の出先機関が入居している。このように，高松市のオフィス地区は，サンポート高松も含め，高松駅を中心にコンパクト化してきている（古賀，2020）。

高松の拠点性の変化

先述のように，地方中枢都市としての高松の地位は，「札仙広福」に比べれば低い。しかも，この地位は，時間とともにさらに低下してきたといえる。1988年の瀬戸大橋開通により，岡山から高松まで鉄道でのアクセスが可能になったことから，宇高連絡船が廃止された。また，松山，高知，徳島へ向かう鉄道（特急）の始発が，高松から岡山に変更されたことにより，ターミナルとしての高松の優位性は低下した。これに加え，バブル経済崩壊後，企業の支店統合が進み，四国の高松支店を，中四国支店として広島などに統合する動きもみられた。

以上のように，四国地方の中枢都市としての地位低下は避けられない。高松駅を中心としたオフィス空間のコンパクト化も，このような流れの中にあるのかもしれない。

[参考文献]

太田悠文「群馬県前橋市における中心市街地の変容」地域学研究34，2021年
梶田　真「県庁所在都市は「ダム機能」を果たすことができるのか？」地学雑誌125-4，2016年
菊池慶之「前橋・高崎地域におけるオフィス立地の変容－交通環境の変化が与える影響」経済地理学年報51，2005年
久保倫子『東京大都市圏におけるハウジング研究－都心居住と郊外住宅地の衰退』古今書院，2015年
小池司朗「地域別将来人口の見通し（その1）－非大都市圏において県庁所在都市人口の減少が緩やかな要因」統計69-12，2018年
古賀慎二「高松市都心部における高層オフィスビルの立地変化－1987～2019年」立命館文學666，2020年
齊藤忠光『地図とデータでみる都道府県と市町村の成り立ち』平凡社，2020年
白石喜春「広域中心都市及び県庁所在都市における経済的中枢管理機能の立地特性」人間社会環境研究13，2007年
高松百年史編集室『高松百年史　上巻』高松市，1988年
千葉市史編纂委員会編『千葉市史　第二巻』千葉市，1974年
戸所　隆『商業近代化と都市』古今書院，1991年
前橋市史編さん委員会編『前橋市史　第四巻』前橋市，1978年
松尾正人『廃藩置県の研究』吉川弘文館，2001年
森川　洋「年齢階級別人口移動からみたわが国都市システムにおける大都市の現状」経済地理学年報66，2020年

第5章　地方都市

1節　地方都市の概要

地方都市の特性

　第4章でみたように，県庁所在都市には様々な行政機関が立地するため，それらへの近接性を求めて民間企業も多く立地する。行政機関とは無関係の企業も立地するので，県庁所在都市には非常に多種多様な機能集積がみられる。これに対し，県庁所在都市以外の地方都市には，それほど多様な機能集積は進まないことが多い。むしろ，特定の機能に特化した都市がみられる。人口規模の大きい県庁所在都市であれば，特定の機能がその都市に与える影響は比較的小さいが，人口規模の小さい都市に特定の機能が集中すれば，その機能の及ぼす影響は大きいものになる。そうした都市の代表的なものとして，有力企業の企業城下町（岩手県釜石市，宮崎県延岡市など），観光都市（大分県別府市，静岡県熱海市など），宗教都市（奈良県天理市，三重県伊勢市など）などが挙げられる。

　かつては栄えていたものの，時代とともに衰退し，一地方都市となってしまった都市も存在する。江戸時代までの日本海側や東北地方には，有力な都市が成立していた。しかし，20世紀前後から進んだ工業化により，人口，産業が太平洋ベルトに集中していった。これにより三大都市圏が成長し，それ以外の地域が非大都市圏と位置付けられるようになった。こうした経緯ゆえに，非大都市圏にも，歴史的蓄積のある地方都市が数多く存在する。

地方都市を取り巻く状況

　非大都市圏では，各県の県庁所在都市が県内から人口を吸収し，大都市圏へ人口を送り出す給水ポンプの役割を果たしてきた（第4章）。そのため，県庁所在都市以外の地方都市は，大都市圏，県庁所在都市いずれに対しても流出超過を示すことが多く，人口や経済の衰退に直面しているところが多い。すでに高度経済成長期からこのような傾向がみられ，国による国土計画の中心的課題は，後述するように，こうした地域の振興，開発にあった。

　とはいえ，当時は，高い出生率に支えられて人口減少は今ほど顕著ではなかったし，高度経済成長ゆえに経済的衰退もさほど進むことはなかった。本格的な衰退は，バブル経済が崩壊し，人口が停滞するようになった1990年代以降のことである。人口減少やモータリゼーションは，地方都市における公共交通の維持を困難にし，鉄道やバスの廃止，縮小が相次いだ。これを補

うためのコミュニティバスなども，基本的には税金で運行されているものであるため，バブル経済崩壊後の税収減によって財政悪化の進む地方自治体には負担が大きい。

公共交通の不振と関連して衰退してきたのが中心市街地である。地方都市の経済を支えてきた中心市街地から住機能や商業機能が撤退し，郊外へ移っている。近年は，中心市街地の再生のため，コンパクトシティ，まちなか居住を推進する政策が行われるようになっている。

国土計画における圏域構想

県庁所在都市は，県庁が存在するゆえに当該県全域に影響を及ぼすのに対し，それ以外の地方都市の影響の及ぶ範囲は一般的に狭い。しかし，各地域における生活圏の中心都市として機能している場合も多い。国が国土計画に基づいて地方の振興を行う際，地方都市単位ではなく，こうした生活圏域を前提とした振興策を掲げることが多い。国土計画においては，これまでに以下のような圏域が構想されてきた（太田，2023）。

新全総（1969年）では，広域生活圏構想が掲げられた。新全総で示された大規模開発プロジェクト，交通ネットワーク構想という開発方式を進める中で，生活環境の国民的標準を確保するために広域生活圏を設定し，圏域内の生活環境や交通通信施設を整備することが目指された。この広域生活圏を具現化するために，自治省（現・総務省）は広域市町村圏，建設省（現・国土交通省）は地方生活圏をそれぞれ設定し，振興を目指した（内藤，1977）。

三全総（1977年）では，定住圏構想が掲げられた。低成長期に入り大都市圏への人口集中が緩和され，地方に残留する人々が増加してきた状況をふまえ，地方での定住を可能にするために設定された圏域である。全国で200〜300の定住圏が構想され，それを具体化するために44のモデル定住圏が設定された。しかし，定住圏構想は，十分な成果を上げることなく終了した。

第3次国土形成計画（2023年）においては，地域生活圏構想が掲げられている。東京一極集中から分散型の国土構造に転換していくためには，地方の生活圏を維持・強化する必要があり，その圏域として地域生活圏が構想されている。地域生活圏が，従来の広域生活圏や定住圏と異なるのは，想定される圏域人口である。従来の圏域では，20〜30万の圏域人口を想定していたのに対し，地域生活圏では，10万程度が想定されている。人口減少社会に突入し，地方において20〜30万の圏域人口が現実的ではないということもあるが，デジタル技術の進展によって，必ずしもすべての都市機能を圏域内に整備する必要がなくなってきたという背景もある。

定住自立圏

総務省は，自治体間の広域連携制度として，定住自立圏構想，連携中枢都市圏構想を進めている。このうち，地方都市に該当するのが定住自立圏である。これは，地方都市とその周辺地域が，都市機能や生活機能を分担しつつ圏域全体で人口維持に必要な機能を確保するためのものである。

定住自立圏構想では、「生活機能の強化」、「結びつきやネットワークの強化」、「圏域マネジメント能力の強化」の3つの分野から圏域内の連携を図ることとされている。それぞれの分野において、国の関連省庁による支援メニューが用意されており、各定住自立圏は、それらの支援を活用しながら圏域内の自治体間で連携・協力を行っていくことになる。手続きとしては、まず地域の中心都市が中心市宣言を行い、近隣の各市町村と定住自立圏形成協定を結ぶ。この協定には、中心市と近隣市町村がどのような連携・協力を行っていくかが明記され、この協定に基づいて取組みが行われる。しかし、定住自立圏構想に基づく連携は、従来の連携の延長にとどまっており、圏域全体で人口維持に必要な機能を確保するには至っていない事例が多いとの指摘もある（宮下・鷲見、2022）。

2節　北海道函館市－異国情緒あふれる開港都市

函館の開港

　1854年、アメリカ、イギリス、ロシアと日本の間で和親条約が結ばれた。翌年、函館（「箱館」が「函館」に改称されたのは1869年であるが、以下では「函館」に表記を統一する）が開港し、燃料、水、食料などを調達するために上記の国の船舶が函館に来航するようになった。

　1859年には、アメリカ、イギリス、ロシア、オランダ、フランスとの間で修好通商条約が結ばれ、函館は貿易港として開港された。これにともない、海に面して外国人居留地も設置された。しかし、日本側が定めた居留地の条件が居留外国人の求めるものと一致しなかったことや、居留地の境界が明瞭に示されていなかったことなどにより、実質的に居留外国人は居留地外での雑居という形をとっていた（函館市史編さん室編、1990）。さらに、諸外国の商人の多くが、横浜や神戸など大都市部を指向したこともあり、函館の居留地は十分に発達しなかった。とはいえ、居留外国人によって造られた洋風建造物や、そうした建造物に影響を受けた和洋折衷様式の建築物が点在する町並み（写真5-1）は現在も残されており、当該地区（元町末広町）は重要伝統的建造物群保存地区に指定され、観光客を集めている。

写真5-1　洋風建築物の建ち並ぶ元町末広町（大三坂）
（2024年筆者撮影）

函館の産業の発展

　函館（図5-1）の発展は、北洋漁業の展開による部分が大きい。日露戦争での勝利により、日本は北洋海域の漁業権を獲得した。これにともない、函館では、北洋漁業の基地としての発展が本格化していくこととなった。太平洋戦争による中断はあったものの、その後の高度経済成長期に至るまで、函館の発展を支えたことは間違いない。

　漁業とともに盛んだったのが造船業である。

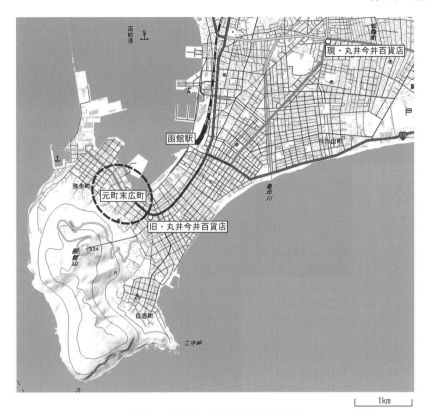

図 5-1　函館市中心部とその周辺地域
(地理院地図により作成)

写真 5-2　造船所遠景
奥に見える造船所は旧・函館船渠(現・函館どつく)。
(2024 年筆者撮影)

　日本初の民間組織によって誕生した造船所である函館船渠(現・函館どつく)(成田, 2004)をはじめ, 数多くの造船所が函館において誕生した(写真 5-2)。北洋漁業向けの造船を手掛けるところも多く, 北洋漁業の発展を造船業が支えたという側面もある。
　しかし, 1970 年代に入り, 函館の経済を支えてきた北洋漁業や造船業の衰退がはじまる。水産資源保護を背景として, アメリカ合衆国やソ連(現・ロシア)によって 200 カイリ漁業専管水域(排他的経済水域)が設定されるようになり, 北洋漁業による恩恵は得られなくなっていった。また, 1970 年代以降の造船不況や外国(韓国, 中国など)との競合にさらされた結果,

表 5-1　隣接市町における函館市への通勤

	北斗市	七飯町	鹿部町
常住就業者（人）	20,634	11,659	1,806
函館市への通勤者（人）	8,038	4,485	79
函館市への通勤率（%）	39.0	38.5	4.4

（2020年国勢調査により作成）

造船業も縮小基調にある。

近年は観光産業が盛んになっている。これまで基幹産業として函館を支えてきた漁業，水産業，造船業は苦境にあるが，そうした産業が築いてきた建造物，景観などが，函館の貴重な観光資源となっている。居留地の面影を留める異国情緒あふれる町並みや港の赤レンガ倉庫群は，函館を観光で訪れる人々の主要目的地となっている。

函館を中心とした圏域の形成

函館市は，従来から渡島・檜山地方における中心都市として機能してきた。2020年の通勤率をみると（表5-1），隣接する自治体のうち，函館平野に位置し函館へのアクセスが容易な北斗市と七飯町において，函館市への通勤率が非常に高いことがわかる。一方で，山間部によって函館市と隔てられている鹿部町と函館市の結びつきは高くない。

このように，函館市の日常生活圏としては，函館平野の範囲に収まっているとみなすことができるが，渡島・檜山地方における函館市の重要性は，日常生活行動にとどまらない。函館市は，2013年に，定住自立圏構想に基づく「中心市宣言」を行った。その後，渡島・檜山地方の17市町との間で定住自立圏形成協定を結び，南北海道定住自立圏共生ビジョンを策定した。これに基づいて，近隣自治体との間の連携・協力が行われている。

都市構造

これまでに何度か大規模な火災が発生している函館であるが，1934年に発生した函館大火はとりわけ規模が大きく，被害は死者2,054人，焼失戸数22,677戸に及ぶ甚大なものであった。これをふまえ，広幅員の街路や防火緑樹帯の整備，公共施設や公園等の配置などを中心とする復興計画が策定された（坂口・室崎・大西，1988）。この計画はほぼ計画通りに実現され，現在の函館の都市構造の骨格となっている（写真5-3）。

写真5-3　防火緑樹帯
（2024年筆者撮影）

戦前までの中心市街地は，旧居留地地区と函館駅を結ぶ範囲にとどまっていたが，戦後になると，函館駅から北東方面にも拡大していき，五稜郭地区は函館の副都心としての性格を強めていった。北海道随一の百貨店であった丸井今井百貨店函館店は，1923年に，当時の都心の一角である末広町で百貨店経営をはじめたが（写真5-4），高度経済成長真っただ中の1969年，市街地の北東方面への拡大にともなって発達していた五稜郭地区へと移転していった（写真5-5）。このよう

写真5-4 旧・丸井今井函館店（現・函館市地域交流まちづくりセンター）
（2024年筆者撮影）

写真5-5 現・丸井今井函館店
（2024年筆者撮影）

に，丸井今井百貨店の立地変化（図5-1）からも，函館の市街地変遷の様子がうかがい知れる。

　五稜郭地区も含めた中心市街地では，他の都市と同様，郊外との競争にさらされ，現在は厳しい状況が続いている。函館の市街地は，旧居留地地区や函館駅から五稜郭地区へと北上してきたが，さらにその延長線上にある美原地区における商業集積が顕著になってきた。この地区は，郊外ロードサイド型の大型店が卓越する地域であり，函館のモータリゼーションを象徴する地区といえる。

3節　静岡県磐田市−ヤマハの企業城下町

企業城下町・磐田市の誕生

　浜松市の東部に位置する磐田市は，人口166,672人（2020年国勢調査）の都市である。江戸時代には，東海道の見附宿が置かれ，この地域の商業中心地として繁栄した。見附宿から南に1.5キロほどのところにある中泉地区は，16世紀末に徳川家康が建造した中泉御殿のあった場所である。後に陣屋が設けられ，この地域の政治中心地となった。

　明治に入ると，1889年に中泉駅（現・磐田駅）が開設されたことにより，中泉地区のさらなる発展がはじまった。明治期の地図（図5-2）をみると，見付地区（当時の見付町）と中泉地区（当時の中泉町）がそれぞれ独立した集落を形成し，両地区が一本の道路で結ばれていることがわかる。この道路は，見附宿と中泉御殿をつなぐために徳川家康が南に迂回させた東海道の一部であり，現在では，天平通り，あるいはサッカーチームのジュビロ磐田にちなんでジュビロードとも呼ばれている。

　1948年に見付町と中泉町が合併し，郡名をとって磐田市が誕生すると，磐田市は積極的な企業誘致を行った。1950年代初期には，繊維産業などの軽工業が進出したが，1960年代に入ると，重工業の進出が盛んになった（磐田市史編さん委員会編，1991）。1960年の東洋ベアリング（現・ＮＴＮ）を皮切りに，1966年には浜松市からヤマハ発動機が移転してきた。ヤマハ発動機は，磐田市内の工場の中でもひときわ大規模なものであった（図5-2）。ヤマハ発動機は，

1890年　　　　　　　　　　　　　　現在

図 5-2　19 世紀末と現在の磐田市中心部とその周辺地域
(「今昔マップ on the web」により作成)

写真 5-6　ヤマハ発動機の本社
(2024 年筆者撮影)

表 5-2　磐田市の主要指標

	実数	県内順位	県内シェア (%)
面積 (2021 年)	163.45 km²	12	2.1
人口 (2020 年)	166,672 人	5	4.6
総生産 (2019 年)	1 兆 1,216 億円	4	6.3
製造品出荷額等 (2019 年)	1 兆 4,920 億円	4	8.7
うち輸送用機械製造業	7,332 億円	3	17.1
小売業商品販売額 (2016 年)	1520 億円	6	3.9
観光交流客数 (2020 年)	227 万 509 人	12	2.7

(静岡経済研究所調査月報 2020 年 10 月号により作成)

同じく 1966 年に進出した日本楽器製造(現・ヤマハ)の二輪部門が独立してできた企業である。日本楽器製造の工場も規模が大きく、ヤマハ関連の企業が磐田市に進出してきたインパクトは非常に大きいと言える。なお、ヤマハ発動機は、1972 年に本社も浜松市から磐田市に移転し(写真 5-6)、名実ともに、磐田市の主力企業となった。こうして、ヤマハ発動機を核とする企業城下町・磐田市の原型が出来上がった。

このような磐田市の特徴は、明確に数字に表れている。表 5-2 をみると、製造品出荷額等の静岡県におけるシェアが大きく、とくに輸送用機械製造業の大きさが際立っている。周辺市町

表5-3 磐田市における通勤流出入者

	磐田市へ	磐田市から	流入超過数
浜松市	19,702	15,544	4,158
袋井市	7,940	7,079	861
掛川市	3,067	2,488	579
森町	1,197	1,064	133
静岡市	319	565	-246
湖西市	220	313	-93
菊川市	462	286	176
牧之原市	77	194	-117
御前崎市	145	153	-8
藤枝市	210	110	100
その他の市町村	917	809	108
合計	34,256	28,605	5,651

(2020年国勢調査により作成)

村との通勤流出入をみると（表5-3）、隣接する市町村からは大幅な通勤流入超過にある。特に、浜松市との間における4000人以上の通勤流入超過は特筆すべきである。浜松市のベッドタウンと呼ばれることもある磐田市であるが、実際のところは浜松市から通勤者を吸引している。

外国人労働者の生活

バブル経済に沸く1980年代、日本の製造業は、深刻な労働力不足に陥った。そこで政府は、1990年に入管法を改正し、日系2世、3世及びその家族による単純労働を合法化した。戦前に、南米、特にブラジルへ日本人が多く渡っていったことから、ブラジルには日系人が数多く生活している。そうした日系2世、3世が、日本の輸送用機械製造業で働くために1990年以降数多く来日した。磐田市内の輸送用機械製造企業でも、こうした日系人を多く雇用している。そのため、磐田市における外国人人口割合は静岡県内でも高い（図5-3）。特に外国人に占めるブラジル人の割合は、59.2%と非常に高くなっている（静岡県全体での外国人に占めるブラジル人の割合は31.8%）。

1990年代初期の頃のブラジル人は単身者が多かったが、時間が経つにつれて家族を形成し、定住するようになった。こうした状況をふまえ、磐田市では多文化共生社会推進協議会が結成され、外国人と日本人との交流や、外国人への情報提供が進められてきた。日本人からの一方的な情報提供などでは伝わらない部分もあるため、ブラジル人をはじめいくつかの国籍の外国人居住者を外国人アンバサダーに選任している。アンバサダーには、市の情報を拡散してもらっ

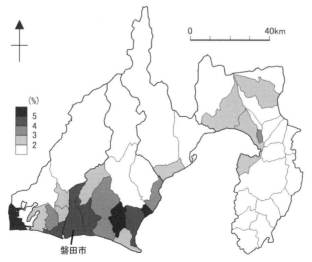

図5-3 静岡県における外国人人口割合
(2020年国勢調査により作成)

写真5-7　ジュビロードにあるジュビロくんの像
（2024年筆者撮影）

たり，外国人コミュニティからの情報を収集してもらったりして，相互の情報交流の円滑化を進めている。

スポーツの街・磐田

　磐田市は，スポーツの街としても知られている。もっとも有名なのは，Jリーグのジュビロ磐田であろう。川久保（1998）は，大都市でないにもかかわらず磐田市がプロサッカー誘致に成功した要因の一つとして，ホームタウン内にメインスポンサーの本社が存在することを挙げている。このメインスポンサーがヤマハ発動機であり，ジュビロ磐田の前身もヤマハ発動機のサッカー部である。磐田駅北口の商店街は，図5-2にもみられた東海道の一部であるが，通称「ジュビロード」と呼ばれ，ジュビロ磐田のマスコットであるジュビロくんとジュビィちゃんの像が置かれている（写真5-7）。ジュビロ磐田がJリーグで優勝した時には，このジュビロードでパレードを行った。

　サッカーのみならず，ラグビーもスポーツの街・磐田に一役買っている。ジャパンラグビーリーグワンに所属する静岡ブルーレヴズも，磐田市に本拠地を置くクラブであり，前身はヤマハ発動機のラグビー部である。かつては，ヤマハ発動機ジュビロのチーム名で活動していた。こうした経緯もあり，サッカーのジュビロ磐田，ラグビーの静岡ブルーレヴズともに，ヤマハ発動機本社に隣接するヤマハスタジアムをホームスタジアムとしている。ヤマハスタジアムに観戦に訪れる人や，ヤマハ発動機の従業員の利用を想定し，2020年には最寄り駅としてJR御厨駅が開業した。

　このように，磐田市の社会，経済に対してヤマハ発動機の及ぼす影響力は大きい。一方で，企業城下町においては，その企業の動向に地域経済が左右されやすいという課題も持つ。こうした中，磐田市では，特定企業に過度に依存しない街を目指している。ICTを活用して種苗から生産，加工，販売までを一貫して行う農業ビジネス「磐田スマートアグリカルチャー事業」が開始され（静岡経済研究所，2022），2016年には，東名高速道路遠州豊田スマートIC付近にスマートアグリカルチャー磐田がオープンした。

4節　鳥取県米子市－鳥取県西部の中心都市

米子市と鳥取市

　米子市（図5-4）は，鳥取市に次ぐ鳥取県第2の都市である。因幡国と伯耆国を領有した鳥取藩の藩庁は鳥取城であるが，一国一城令の例外として，伯耆国にも城が置かれた。これが米子城であり，現在でも，旧米子城下町の風情ある町並みがみられる（写真5-8）。鳥取藩の

図 5-4　米子市中心部とその周辺地域
（地理院地図により作成）

　主城である鳥取城に対し，米子城は支城という位置づけであるが，城や城下の規模において，決して大きく劣るものではなかった。この関係は，現在の鳥取市と米子市にも似ている。鳥取県庁は鳥取市にあるが，都市の規模はそれほど大きな違いはない。金本・徳岡（2002）の定義による都市雇用圏の人口（2015年）をみると，鳥取市の都市雇用圏人口は232,610 人，米子市のそれは231,746 人とほぼ同等である。
　県庁所在都市である鳥取市が，東西に細長

写真 5-8　蔵が建ち並ぶ旧加茂川沿い
（2024 年筆者撮影）

い県域の東端に立地するため，米子には他県の第 2 の都市にはあまりみられない特徴がある。日野（1996）によれば，東京や大阪に本社を持つ企業が鳥取県に支店を置く場合，鳥取県全域をテリトリーとする支店は鳥取市に置き，山陰 2 県をテリトリーとする支店は米子市に支店を置くことが多い。島根県も含めた山陰 2 県で考えると，米子市は両県へのアクセスが良く，支店の配置としては合理的である。もちろん，米子市ではなく島根県松江市に支店を置いて山陰2 県をテリトリーとする企業も多いが，同様に米子市も，山陰 2 県に影響力を及ぼす都市なのである。このように，鳥取県第 2 の都市でありながら，鳥取市にはない個性を持つ都市といえる。

図 5-5　米子市と松江市の都市雇用圏
(https://www.csis.u-tokyo.ac.jp/UEA/ により作成)

米子市と周辺地域の関係

　米子市を中心都市とする都市雇用圏（2015年）は，境港市，日吉津村，大山町，南部町，伯耆町，日野町，江府町に及んでいる（図5-5）。東に倉吉市，西に松江市が存在し，それらに挟まれた範囲において都市圏を形成していると判断できる。米子市と松江市の中間に位置する島根県安来市は，松江市中心部よりも米子市中心部のほうが近距離に位置するが，米子市ではなく松江市の都市雇用圏に含まれている。島根県の県庁所在都市である松江市の雇用吸引力の大きさゆえのものと考えることができる。

　米子市は，先述の函館と同様，近隣市町村との間で定住自立圏（中海圏域定住自立圏）を形成している。ただし，この圏域における中心市は，米子市と松江市の2自治体であり，定住自立圏形成協定を結んだ近隣市町村は，境港市と安来市である。図5-5からもわかるように，米子市と松江市の生活圏は隣接しており，かつてより中海を挟んで結びつきは強かった。また，定住自立圏構想が開始される以前から，「中海圏域4市連絡協議会」を組織して様々な連携を行っていた。こうした経緯をふまえ，さらなる連携強化を図るために定住自立圏が形成された。

中心市街地の成長と現在

　高度経済成長期に入ると，米子市の中心市街地にはスーパーマーケットや百貨店が進出するようになった。1964年，米子で最初の百貨店である高島屋（写真5-9）が開業した。準百貨店の「米子ストア」として1963年に開業した大丸は，1971年に「米子大丸」に改称し，米子で2番目の百貨店となった。百貨店以外にも多様な業態の大型店が進出するなど，米子の中心部の商業的な発展は著しかった。特に，高島屋，大丸の二大百貨店が同一の地方都市に立地するのは米子が初めてであった（米子市史編さん協議会，2008）。

　このような大型店の進出に対し，中心部の商店街では，大型店に負けない魅力ある商店街にするため，アーケードの設置を進めた。1959年，本通り商店街と元町商店街でアーケードが

写真5-9　える・もーる一番街と高島屋
（2024年筆者撮影）

写真5-10　アーケードが撤去された本通り商店街
（2024年筆者撮影）

設置され，その後もアーケードを拡張していった。

　この時期は，大型店と商店街の対立もあったが，いずれも高度経済成長の果実を享受できていたといえる。しかし，徐々にこのような状況に変化がみられるようになった。郊外における大型店の進出やモータリゼーション，中心部における駐車場不足などにより，中心部の商業の魅力が低下していった。米子大丸は，売り上げ低迷により営業権を天満屋（本店・岡山市）に移譲した。その天満屋は，1990年に中心部から郊外に移転し，郊外型百貨店「米子しんまち天満屋」として開業した。

　商店街の衰退も顕著になっていった。顧客の減少が進むうえ，さらに問題となってきたのが，アーケートの維持管理である。アーケード設置から40年以上が経ち，老朽化も著しい。完成当初はおしゃれで都会的な印象を与えたが，今となっては古めかしく暗い印象が強い。そこで，商店街では，アーケードの撤去を進めることにした（小川・小椋，2018）。2011年に，本通り商店街の一部と元町通り商店街でアーケードの撤去がはじまり，2024年には本通り商店街のすべてのアーケードが撤去された（写真5-10）。

　中心部の魅力を高めていこうとする別の動きもみられる。高島屋が東館と立体駐車場を市に無償譲渡したことを機に，地元企業によって，東館が滞在型複合施設「グッドブレスガーデン」に刷新された。また，近隣の商店街である「える・もーる一番街」の立体駐車場が，屋外超大型LEDビジョン設置の駐車場「イースティー・プレイス」となり，華やかな街を演出している。える・もーる一番街は，アーケードの撤去ではなく魅力的に刷新する方向を選択した（写真5-9）。米子駅では，米子市とJR西日本による「米子駅南北一体化事業」に基づき，2023年に駅ビルが建て替えられ，商業施設，南北自由通路なども完成した。

[参考文献]
磐田市史編さん委員会編『磐田市史 通史編 下巻』磐田市，1991年
太田秀也「国土計画における圏域構想に関する一考察」人と国土21 49-2，2023年
小川祥吾・小椋弘佳「全蓋式アーケード商店街におけるアーケード撤去と広場化に関する研究―鳥取県米子市の3商店街を対象として」日本建築学会中国支部研究報告集41，2018年

金本良嗣・徳岡一幸「日本の都市圏設定基準」応用地域学研究 7，2002 年（この論文をもとに，以下の HP において最新（2015 年）の都市雇用圏の人口や該当市区町村が公開されている：https://www.csis. u-tokyo.ac.jp/UEA/index.htm）

川久保篤志「プロサッカーチームの誘致と地域振興─静岡県磐田市を事例に」新地理 46 (3)，1998 年

坂口美加・室崎益輝・大西一嘉「昭和 9 年函館大火の復興計画に関する研究」都市計画論文集 23，1988 年

静岡経済研究所「市町の経済構造分析（第 3 回）磐田市 ─新たな産業づくりに挑むモノづくりのまち」調査月報 60-10，2022 年

内藤正中「地方定住圏構想と広域市町村圏」経済科学論集 3，1977 年

成田　征「函館どつく㈱函館造船所─幾多の変遷を経て，今，確実な歩みを始めた北の造船所」日本造船学会誌 878，2004 年

函館市史編さん室編『函館市史 通説編 第 2 巻』函館市，1990 年

日野正輝『都市発展と支店立地』古今書院，1996 年

宮下量久・鷲見英司「市町村における広域連携の政策評価─定住自立圏を事例とした実証分析」フィナンシャル・レビュー 149，2022 年

米子市史編さん協議会『新修米子市史 第四巻 通史編 現代』2008 年

第2部

農山漁村

第6章　都市近郊・都市農業地域

1節　都市近郊・都市農業地域の概要

都市近郊農業

　農業において，一般的に輸送費は，大都市（消費地）からの距離に応じて増大するため，大都市から遠距離にある地域では，輸送費が高くなる分だけコストのかからない農作物の栽培（粗放的農業）をしなくてはならない。

　一方，大都市から近距離にある地域では，輸送費が低く抑えられるため，その分集約的な農作物を栽培し，高い収益をあげることが可能になる。その結果，大都市に近い地域では，集約的農業が行われることが多くなる。また，鮮度が落ちやすく短時間で消費地に届ける必要性の高い農産物の栽培は，大都市に近い地域でないと成立しにくい。これらのことから，大都市に近い地域においては，花き，果物，野菜などが栽培されることが多い。このような都市近郊の集約的農業は，都市近郊農業と呼ばれる。

都市農業

　都市農業とはどのようなものであろうか。都市農業の定義は，研究者によって異なっている。都市近郊農業よりもさらに土地集約的なものとして都市農業を位置づけたり，スプロールの進む地域における農業と定義したり，市街化区域内農業と定義したりするなど，多岐に及んでいる（鷹取，2000）。

　2015年に，都市農業振興基本法が制定された。同法においても，都市農業の定義については，「市街地及びその周辺の地域において行われる農業」という大まかなものにとどまっている。しかし，都市農業振興基本法に基づいて作成された都市農業振興基本計画には，都市農業の機能として，農産物の供給，防災，良好な景観形成，国土・環境の保全，農作業体験・交流の場，農業に対する理解醸成などが挙げられている。これは，都市近郊農業と都市農業を区別するうえで重要である。すなわち，都市近郊農業が，大都市への食料供給そのものに重きを置くのに対し，都市農業は，食料供給以外にも多様な機能を有するものと理解できる。

　後述する生産緑地制度においても言及するが，従来，市街地における農地は，速やかな宅地化を阻害する要因とみなされていた。しかし，都市農業の多様な機能が再評価されるようになったことを受けて，市街地においても農業は必要不可欠なものとみなされるようになってきた。

生産緑地制度

　1919年に制定された都市計画法が1968年に大幅に改正され，都市計画区域を市街化区域と市街化調整区域に区分する線引きの制度が新たに設けられた（第2章）。当時は大都市圏への人口集中が顕著であり，大都市圏郊外における無秩序な宅地化を避けつつ増加する人口を速やかに受け入れるためには，郊外都市の周辺部（市街化調整区域）での宅地化を抑制する一方で，郊外都市の中心部（市街化区域）においては速やかな宅地化を促す必要があったのである。この結果，市街化区域内に残っていた農地は，速やかに宅地化すべき土地とされ，宅地並みの固定資産税が課せられることとなった。しかし，宅地並み課税となると税率が大幅に上昇するため，市街化区域内の農家からは強い反対が表明されることとなった。政府との折衝の末，宅地並み課税の減額措置が，時限的にではあるが実現した。さらに，減額措置の期限切れを受けて，1982年には，10年以上の営農継続の意思がある農地に対して宅地並み課税を免除する長期営農継続農地制度が制定された（中塚・榊田・橋本，2023）。

　こうして，市街化区域内農地への宅地並み課税はある程度抑制されていたが，これを大きく変えたのが，バブル経済期における地価の高騰である。地価高騰を回避するために，以前にも増して，市街化区域内農地は宅地化を推進すべきとされ，長期営農継続農地制度も廃止されることとなった。

　一方で，市街化区域内においても営農を継続する道筋は残された。1992年に施行された改正生産緑地法では，市街化区域内農地を，宅地化するものと保全するもの（生産緑地）とに明確に区分されることとなった（石原，2014）。生産緑地に指定された場合には，宅地並み課税ではなく一般農地並みの課税とされ，その税負担は軽減された。ただし，生産緑地指定を選択した農家は，指定から30年間は営農を継続することが必要とされた。こうして，生産緑地に指定された農地では，長期にわたって宅地転用などができなくなるため，緑地の保全は一定程度維持された（図6-1）。一方で，生産緑地に指定されない市街化区域内農地は大きく減少し

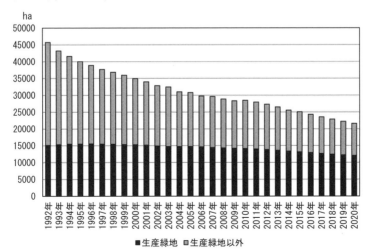

図6-1　三大都市圏の特定市の市街化区域における生産緑地面積の推移
　特定市：東京特別区及び首都圏，近畿圏，中部圏の既成市街地，近郊整備地帯などに所在する市。
（国土交通省の資料により作成）

66 第2部 農山漁村

てきており，宅地化が進んだことを示唆する。

1992年の改正生産緑地法施行から30年後の2022年には，多くの農家の営農義務が終了するため，農地が大量に売却され緑地が減少したり，過剰な宅地供給がなされたりする懸念が出てきた。この2022年問題を解消するため，2017年に生産緑地法が改正された。これにより，従来の生産緑地を特定生産緑地として新たに指定し，生産緑地で講じられてきた農地並み課税が10年間継続されることとなった。

2節 東京都小平市－新田開発の歴史を持つ都市農業地域

学園都市としての発展

東京都小平市は，東京都の多摩地区に位置する人口198,739人（2020年国勢調査）の都市である。2020年の東京特別区部への通勤率は30％を超え，特に西武新宿線，JR中央線によって結ばれている新宿区への通勤率が高い（表6-1）。このように，東京近郊の住宅都市としての性格が強い小平市であるが，住宅開発の歴史は1920年代にまでさかのぼる。

東京においては，1923年の関東大震災により，都心が壊滅的な打撃を受けたことから，郊外開発が進むようになった。これは大学などの教育機関も同様であり，都心に立地していた大学では，キャンパスの建物が震災で破壊されたため，郊外への移転を構想した。神田駿河台キャンパスの大半が消失した明治大学は，小平への移転を決定した。これにあわせ，箱根土地株式会社（プリンスホテルの前身）は，明治大学と契約し，明治大学を核として分譲住宅を供給する学園都市計画を進めていくことになった。しかし，紆余曲折の末に明治大学の小平移転は白紙撤回され，いったんは計画がとん挫した。こうした中，東京商科大学（現・一橋大学）予科の小平移転が浮上してきたことから，箱根土地は，東京商科大学予科を中核とする小平学園として新たに学園都市の建設を進めていくこととなった（小平市史編さん委員会編，2013）。小平学園では住宅の分譲もはじまり，それに合わせて最寄り駅として多摩湖鉄道（現・西武多摩湖線）小平学園駅が1928年に開設された。さらに，東京商科大学予科の移転とともに商大予科前駅（一橋大学誕生後は一橋大学駅に変更）も開設された（小平学園駅と一橋大学駅は，1966年に一橋学園駅に統合）。同時期には女子英学塾（現・津田塾大学）も小平へ移転し，1920年代から1930年代の小平は，学園住宅都市としての幕開けの時代であった。

新田開発と小平

学園都市としての開発がはじまったものの，戦前の小平の大部分は農村であった。小平をはじめとする武蔵野台地は，近世に新田開発が進められた地域として知られている。数段もの河岸段丘によってできている武蔵野台

表6-1 小平市常住者の主な通勤先

	実数	通勤率（％）
小平市内	25,463	33.3
特別区部	24,310	31.8
新宿区	4,600	6.0
千代田区	3,711	4.9
港区	2,674	3.5
国分寺市	2,707	3.5
立川市	2,388	3.1
小金井市	2,130	2.8
その他	19,511	25.5
合計	76,509	100.0

（2020年国勢調査により作成）

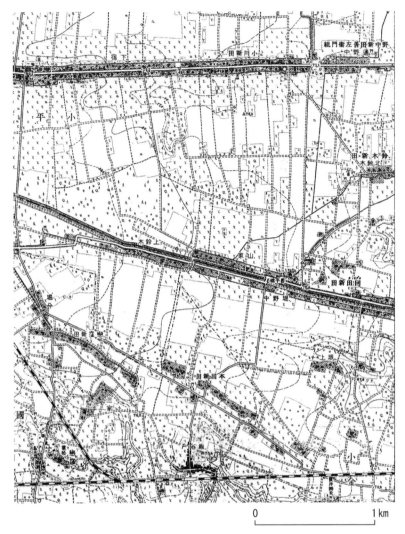

図6-2 20世紀初期の小平市周辺
(二万分の一地形図 八王子近傍，明治39年測図，明治42年製版・発行)

地の段丘面では，地下水位が深く，河川も少なかったため，中世までは集落の立地は少なかった。江戸時代に入ると，こうした状況に変化がみられるようになった。徳川家康は，江戸の飲料水を確保するため，井の頭池（三鷹市）などを水源とする神田上水を整備したが，江戸の人口増加により神田上水だけでは足りなくなった。そこで，新たに多摩川から取水し，武蔵野台地を通って江戸に飲料水を供給する玉川上水が開削された（小平市史編さん委員会編，2012）。

開削された玉川上水からの分水によって飲料水を確保できるようになった武蔵野台地では，これ以降，人が居住するようになった。江戸に石灰，薪炭を運ぶためにそれぞれ整備された青梅街道，五日市街道沿いには，新田集落が形成されていった。20世紀初期の地形図である図6-2には，街道沿いの新田集落の様子が明瞭にみられる。典型的な新田集落は，街道沿いに家屋，屋敷林があり，その背後に畑，雑木林が広がる短冊状の形態であった。図6-2をみると，街道沿いの家屋の背後に桑畑が広がっている。当時の日本における最大の輸出品は生糸であり，全

写真 6-1　細長く伸びる畑とマンション群
（2024 年筆者撮影）

写真 6-2　農地の直売所
（2024 年筆者撮影）

国的に養蚕が盛んに行われていた。小平においても，蚕のえさとなる桑の栽培が広く行われていた。

都市近郊農業から都市農業へ

　新田集落の耕地では，小麦，大麦などの穀物と根菜類が栽培されていた。明治以降，東京向けの農産物（野菜）を栽培する近郊農業の性格を強く持つようになったが，高度経済成長期に住宅地化の波が押し寄せ，農地面積は大幅に縮小してきた。新田開発時代から続く短冊形の土地形態の中には，道路と直行して細長い農地と住宅が併存する様子がみられる（写真 6-1）。

　限られた農地での少量栽培となるため，大都市・東京向けの大量の農産物供給には限界がある。結果として，より大規模な生産が可能な大都市圏郊外の近郊農業地域に打ち勝つことはできなくなってきた。そのため，小平の農業は，近郊農業の性格を弱め，より土地集約的な都市農業へと変化してきた（飯塚・太田・菊地，2019）。こうした農業にとっては，大都市市場ではなく，直売所（写真 6-2）を通じた直接販売により収入確保に努めることが重要になる。これは，直接消費者と対峙することを意味しており，その細かなニーズに応えるために，多毛作化や多品種少量生産の傾向がさらに高まっていく（菊地・田林，2016）。実際，表 6-2 をみると，特定の農産物に特化することなく，多品種がまんべんなく栽培されていることがわかる。

　これらの農地の多くは，生産緑地（特定生産緑地）に指定されている。これにより，過度な住宅地化が抑制されてきた。数少ない農地を維持することは，都市住民への農産物の供給のみならず，1 節で述べたような多様な機能を維持するために重要である。都市農業振興基本法が2015 年に制定されたことにより，それに基づ

表 6-2　小平市における野菜作付け延べ面積

	面積 (ha)	収穫量 (t)	産出額 (百万円)
サトイモ	12.7	119	31
ブロッコリー	9.6	90	19
ダイコン	8.7	334	24
スイートコーン	8.5	70	15
キャベツ	8.4	333	21
ホウレンソウ	8.4	86	31
バレイショ	8.2	149	19
コマツナ	7.3	127	38
エダマメ	6.8	59	37
ネギ	5.3	97	24

（東京都農作物生産状況調査結果報告書（2020 年）により作成）

いて小平市においても農業振興計画が策定され，農家の維持，担い手の確保，市民と農業の関わりの深化などに向けての多様な取組みが本格的になされるようになってきた。

3節　愛知県東浦町－名古屋大都市圏の近郊農業地域

鉄道の開通

　明治に入り，鉄道で東京と京都を結ぶことになった際，当初計画されていたのは，東海道ルートではなく中山道ルートであった。海側の東海道のように外国から攻撃される恐れもなく，鉄道によって中山道沿いの地場産業地域と大都市を結べば，そうした地域の発展にもつながるためである。この中山道ルートに沿って，滋賀県の長浜駅から大垣駅，岐阜駅へと鉄道建設が進められていった。その際，大垣方面へ鉄道建設資材を輸送するための路線として開通したのが，武豊線（当時は中山道支線半田線）であった（東浦町町誌編さん委員会編，1998）。1886年3月，武豊駅と熱田駅の間に鉄道が完成し，その中間駅として東浦町に位置する緒川駅が開業した。熱田駅からさらに北へ伸びて名古屋駅が開業するのが1886年5月なので，わずか2か月ではあるが名古屋駅よりも早い開業であった。東浦町におけるもう一つの主要駅である東浦駅は，開業が1944年と遅い。当時，この地域には尾張生路駅と藤江駅があったが，戦時中の燃料節約のために統合され，新たに設置されたのが東浦駅であった。

都市化の進展

　東浦町の中心駅である緒川駅から名古屋駅までは，武豊線と東海道本線で約40分であり，名古屋への通勤可能圏にある。また，1960年代以降，知多半島においても工業化が進み，就業先となりうる雇用が増加してきた。そのため，東浦町内には，1970年代に大規模な住宅地開発が行われた。主なものとして，森岡台，石浜住宅，東ヶ丘住宅などがある。いずれも，丘陵地を造成したものである。かつては，丘陵地ゆえに水が乏しく，住居には不向きであったが，後述する愛知用水の開通によってこの問題が克服されたため，大規模な住宅地化が進んだ。

　工業団地の造成も進んだ。主なものとして，1981年に完成した東浦工業団地，2005年に完成した森岡工業団地がある。東浦工業団地は，衣浦湾に面する衣浦臨海工業地帯の一部でもある。また，刈谷市に本社を置く豊田自動織機が，2002年に東浦工場（カーエアコン用コンプレッサー部品），2005年に森岡事業所（自動車部品）を開設したのに続き，2022年には石浜地区に進出した。この工場では，ハイブリッド車向けの電池を量産している。その他，ソニーセミコンダクタマニュファクチャリング東浦サテライト（2023年3月にジャパンディスプレイから建屋および付帯設備を譲渡）が豊田自動織機東浦工場に隣接して立地している。

　このように，東浦町では，名古屋をはじめとする周辺都市のベッドタウン的な開発とともに，工業団地の造成や企業誘致によって雇用創出を図ってきた。

東浦の農業発展

　東浦町をはじめ知多半島には，ため池が多い（図6-3）。細長い丘陵地が続く知多半島の特

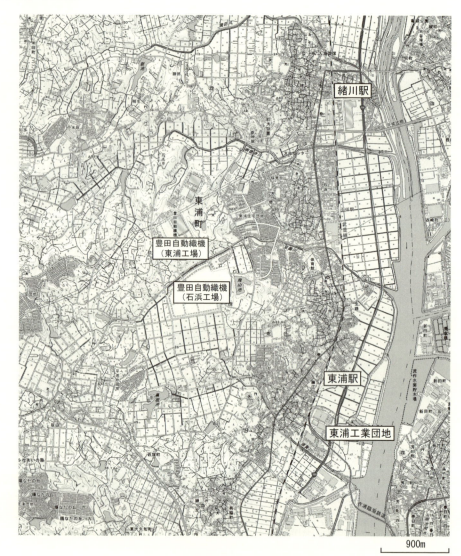

図 6-3　東浦町中心部とその周辺地域
（地理院地図により作成）

性ゆえに，川の水量が少なかったことがその背景にある。こうした状況に苦しんだ知多半島の人々の働きかけもあり，木曽川上流（長野県木曽町）から岐阜県，愛知県尾張東部を通って知多半島に到達する愛知用水（2章）が1961年に開通した。農業用水，工業用水，水道用水として利用されることになったこの愛知用水により，知多半島の生活が一変することになった。

それまでの東浦町では，町域東部の低地において営まれていた稲作以外の農産物生産は非常に少なかったが，愛知用水によって丘陵地においても農業が容易になり，野菜，果物，花きの栽培が本格化していった（写真6-3）。表6-3をみると，経営体数，栽培面積のいずれも稲作が第1位であるが，野菜類や果樹類を栽培する経営体も多く存在することがわかる。これらは，大消費地である名古屋への近接性を活かし，都市近郊農業としての性格を強めてきた。

1970年代に入り，米の生産調整が本格化すると，転作作物として作付面積，収穫量を増や

写真 6-3　農地とその背後の住宅地
(2024 年筆者撮影)

表 6-3　東浦町における販売目的の作物の経営体数と栽培面積

	経営体数	栽培面積 (ha)
稲 (飼料用を除く)	119	219
麦類	22	13
雑穀	1	x
いも類	19	x
豆類	26	16
工芸農作物	x	x
野菜類	43	13
果樹類	56	36
花き類・花木	9	x
その他 (稲 (飼料用) を含む)	7	72
合計	178	374

x は秘匿。
(2020 年農林業センサスにより作成)

写真 6-4　ハウスでのイチゴ狩り
(2024 年筆者撮影)

してきたのが，イチゴである (東浦町町誌編さん委員会編, 1998)。ハウス栽培が中心であり，12月から4月にかけての時期には，イチゴ狩りが開催される (写真 6-4)。農薬を最小限に抑え，有機肥料を使用するなどして，安心でおいしいイチゴの提供がなされている。

かつて，東浦町で栽培される果物の代表は温州ミカンであったが，1970年代のミカン価格の暴落，1990年代の輸入自由化などにより，栽培は少なくなってきた。これに代わって成長してきたのがブドウである。巨峰ブドウは，東浦町の特産品としても知られている。経営体数 39，栽培面積 31 ヘクタールは，水稲に次いで東浦町内で第2位である (2020年農林業センサスより)。東浦町のブドウ産地は，市場を経由しない販路が中心であることを特徴としている。この背景には，山梨県など全国的なブドウ産地と対峙することになる市場出荷では不利であることがある。神谷 (2005) によると，宅配便と直売所による販売で全販売量の9割以上を占めている。

畜産も，東浦町の主要産業の一つである。産出額でみれば，東浦町の農業産出額 (215千万円) の約5割 (104千万円) を占め，最大である。乳用牛，肉用牛，豚のいずれも，1950年代から1960年代には多くの畜産農家が存在したが，現在はごくわずかになっている (表 6-4)。しかし，1経営体当たり頭数はいずれも増加しており，少数の畜産農家が大規模に展開するようになってきたといえる。

表 6-4 販売目的の家畜等を飼養している経営体数と飼養頭数の変化（1990 年→ 2020 年）

	飼養経営体数	飼養頭数	1 経営体当たり頭数
乳用牛	21 → 5	1,448 → 385	69 → 77
肉用牛	14 → 8	957 → 999	64 → 125
豚	6 → 3	1,107 → 2,455	185 → 818

矢印の左側が 1990 年，右側が 2020 年の数値を意味する。
（農林業センサスにより作成）

以上のように，東浦町では，愛知用水の開通，米の生産調整などを背景に，大都市名古屋の近郊地域としての利点を活かした農業が行われてきたが，課題も存在する。他の農業地域と同様，生産者の高齢化，後継者不足が大きな課題となっている。また，東浦町の強みである果樹栽培においても果樹園の減少に直面している。これらを克服するためには，農業による観光振興，生産性向上のための営農環境の維持に一層取り組んでいく必要がある。

4 節　奈良県平群町－小菊とバラの近郊農業地域

大阪のベッドタウン・平群町

奈良県平群町は，人口 18,009 人（2020 年国勢調査）の町である。生駒山地を隔てて西側には大阪府がある。町内には，近鉄生駒駅と王寺駅を結ぶ近鉄生駒線が通っている。近鉄生駒線を利用すれば，大阪の難波・心斎橋には，北側の生駒駅を経由して近鉄奈良線で到達できるし，天王寺・阿倍野には，南側の王寺駅を経由して JR 大和路線（関西本線の一部）で到達できる。いずれにも 1 時間弱で到達できるため，大阪のベッドタウンとして人口成長が進んできた（図 6-4, 表 6-5）。

1960 年代に入った頃から，近鉄生駒線沿線の丘陵地において宅地開発がみられるようになり，1980 年代までの間に大規模な宅地開発が進んだ（図 6-5）。近鉄生駒線は，前身の信貴生

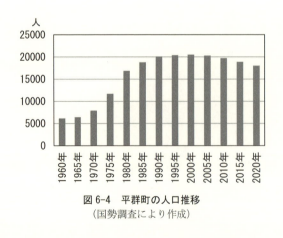

図 6-4　平群町の人口推移
（国勢調査により作成）

表 6-5　平群町常住者の主な通勤先

	実数	通勤率（％）
自宅で従業	867	11.7
自宅外の平群町内	1,332	18.0
生駒市	613	8.3
奈良市	590	8.0
大和郡山市	274	3.7
三郷町	183	2.5
王寺町	175	2.4
斑鳩町	167	2.3
大阪市	1,442	19.5
東大阪市	385	5.2
その他	1,367	18.5
合計	7,395	100.0

（2020 年国勢調査により作成）

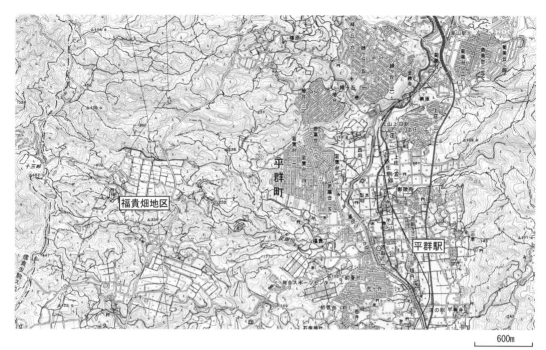

図 6-5　平群町中心部とその周辺地域
(地理院地図により作成)

駒電気鉄道が，信貴山朝護孫子寺への参詣客を運ぶことを意図して開設した路線であるが，宅地開発の進んだ 1960 年代以降は，主に大阪方面への通勤電車としての性格が強くなっていった。1960 年には人口わずか 6,000 人程度であったが，1990 年には 20,000 人を超えた。1990 年代以降，人口増加はみられなくなり，近年は人口減少に転じている（図 6-4）。

農業の発展

　宅地開発によって農地は減少してきたものの，現在でも農業は，平群町の主要産業の一つである。行政の産業振興も，農業振興を基軸として進められてきた（宮部，2006）。生駒山地は，生駒断層によって形成されたものであるが，断層が大阪平野側を走っているため，西側（大阪側）は急斜面であるのに対し，東側（奈良側）には緩斜面が広がる。この緩斜面が農業に利用されてきた。

　農業の中でも花き栽培は，平群町を特徴づけるものといえる。農産物販売金額 1 位の部門別経営体数について，奈良県全体と平群町を比べると（表 6-6），奈良県全体では稲作が 7 割以上を占めるのに対し，平群町ではわずか 25.6％に過ぎない。これに対し，花き・花木は 5 割近くを占めており，花き栽培への特化が明瞭である。

　平群町は，「平群の小菊」として知られる小菊の

表 6-6　農産物販売金額 1 位の部門別経営体数

	奈良県	平群町
稲作	6,620 (72.2)	41 (25.6)
野菜	1,074 (11.7)	24 (15.0)
果樹類	803 (8.8)	16 (10.0)
花き・花木	300 (3.3)	77 (48.1)
その他	368 (4.0)	2 (1.3)
合計	9,165 (100.0)	160 (100.0)

カッコ内は％。
(2020 年農林業センサスにより作成)

写真 6-5　生駒山麓に広がる小菊畑
生駒山の背後に見えるのは大阪平野。
（2024 年筆者撮影）

一大産地であり，夏秋期の生産量は日本一を誇っている。明治末期からの栽培の歴史を持つが，特に戦後になってから栽培が活発化した。小菊の産地が発展した要因として，奈良県営農地開発事業を活用して大規模な農地造成を行ったことや，作業の機械化を進めたことで生産性が大幅に向上したことがある（印田，2008）。この農地造成により，生駒山麓（平群町西部）には小菊畑が広範囲に広がっている（写真 6-5）。

かつては，栽培農家それぞれが個別に出荷していたが，大規模な卸売市場の中で産地としての競争力を高めるために，1980 年代以降，共同輸送，そして共選出荷が開始された。また，それまで 500 種もあった小菊の品種を絞り込み，大規模市場流通に対応した。これによりロットが拡大し，「平群の小菊」としてのブランドが確立されていった（山口，2000）。2009 年には，「平群の小菊」の名称で特許庁から地域団体商標登録がなされた。花の分野では全国初の認定であり，小菊の産地・平群のブランド力向上が期待されている。

小菊に次いで栽培が盛んなのがバラである。平群町でのバラの栽培は，小菊よりは新しく，1973 年に平群温室バラ組合が設立されたことにはじまる。バラの育成，肥培管理，散水などの作業を組合で共同化し，市場性を高めるために共選出荷を行うようにした（平群町史編集委員会編，1976）。「平群の小菊」とともに，「平群のバラ」としてブランド力が向上してきた。現在の組合員は，平群温室バラ組合が設立された時のメンバーから世代交代し，若い組合員が活動の中心となっている。全国的に農家の高齢化が進む中，世代交代が成功した事例といえる。

大都市大阪の近郊という特性ゆえに，平群町では，野菜や果樹の栽培も盛んである。特にブドウは，奈良県内で産出額が最大であり，経営体数（16）は，平群町内の果樹類の中では最大となっている。明治末期にはじまったブドウ栽培であるが，戦後になってハウス栽培に重点を移し成長していった。

農業振興の取組み

1960 年代以降の宅地開発により，平群町内の農地が減少した一方で，他地域から平群町へ居住地移動してくる非農家が増加してきた。このため，新住民と農家との交流拠点や，農産物の直売所の必要性が高まってきた。これを受けて，1999 年には道の駅「大和路へぐり・くまがしステーション」が整備された。

平群町では，町内に住む人々に町の良さを知ってもらい，他地域に住む人々に平群町の魅力を伝えるために，「平群ブランド」を認定している。この「平群ブランド」には，先述の小菊

やバラの他に，平群町内で栽培されているブドウ，イチゴなども認定されている。こうした取組みを通じて，平群町の農業の知名度がさらに向上し，農業振興ひいては平群町の地域振興につながることが望まれる。

[参考文献]

飯塚　遼・太田　慧・菊地俊夫「都市住民との交流を基盤とする都市農業の存続・成長戦略」地学雑誌128-2，2019年

石原　肇「1990年以降の東京都の都市における農業の変化」地球環境研究16，2014年

印田清秀「豊かな自然と歴史的遺産に恵まれた都市近郊産地－奈良県平群町」圃場と土壌469，2008年

神谷修司「愛知県東浦町における直売形式によるぶどう産地の発展」地理学報告101，2005年

菊地俊夫・田林　明「東京都多摩地域における農村空間の商品化にともなう都市農業の維持・発展メカニズム─立川市砂川地区を事例にして」E-journal GEO11-2，2016年

小平市史編さん委員会編『小平市史　近世編』小平市，2012年

小平市史編さん委員会編『小平市史　近現代編』小平市，2013年

鷹取泰子「東京近郊における都市農業の多機能性システム－東京都練馬区西大泉地区を事例として」地学雑誌109，2000年

中塚華奈・榊田みどり・橋本卓爾編著『都市農業時代－いのちとくらしを守り，まちをつくる』実生社，2023年

東浦町町誌編さん委員会編『新編　東浦町誌』東浦町，1998年

平群町史編集委員会編『平群町史』平群町役場，1976年

宮部和幸「経営構造対策事業取組み事例 奈良県平群町福貴地区－バラ苗生産組合の設立による平群温室バラ組合の新展開」農業構造改善44-1，2006年

山口善正「活路をひらき天までつづく平群の小菊－共同の力で築いた小菊の産地」農業と経済66-7，2000年

76　第 2 部　農山漁村

第 7 章　平地農業地域

1 節　平地農業地域の概要

稲作を取り巻く状況

　米は，縄文時代からの長い歴史を持っており，日本の多くの平野部において栽培がなされてきた。江戸時代に入って社会が安定してくると，人口の増加がはじまった。これにより，食糧増産のために新田開発が進んだ。明治に入っても新田開発は進み，第二次世界大戦中や終戦後にも，食糧難解消を目的とする新田開発は行われた。日本の農業の中心は，主食である米づくり（稲作）であった。

　米の生産量を増やしてきた一方で，戦後の食生活の欧米化により，徐々に米余りが進むようになった。これに対処するため，1970 年に米の生産調整，いわゆる減反政策がはじまった。これは，国が決めた米の生産数量目標を各都道府県に配分し，生産数量目標に従った農家に対して直接支払交付金を助成するものであった。また，米からの転作を奨励するために，米以外の農作物を生産する農家に対する「水田活用の直接支払交付金」を交付することとした。これらにより，米の過剰生産が抑制されるようになった。

　減反政策によって米からの転作が進んだが，二毛作としての米以外の農作物の生産はそれ以前からみられる。北陸地方のような雪深い地域では水田単作が中心であるが（3 節），温暖な地域では二毛作が盛んに行われてきた。例えば，筑紫平野においては，米を表作，麦を裏作とする二毛作が知られており，筑紫平野のある福岡県，佐賀県は，北海道に次ぐ小麦の生産地となっている。また，淡路島では，米の裏作としてのタマネギが，島の主力農作物に成長していった。

　2010 年代に入ると，減反政策の見直しがはじまった。2013 年に策定された「農林水産業・地域の活力創造プラン」では，農業の競争力強化を図るため，米の生産コストの大幅削減が目標に掲げられた（椿・佐藤，2019）。こうして，競争力強化の流れに逆行する減反政策は，2018 年に廃止されることとなった。

田園回帰

　1990 年代後半以降，人口の東京一極集中が続いている。コロナ禍によって東京から一時的な転出傾向はみられたものの，コロナ禍が収まるにつれて再び地方から東京への転出超過が大きくなってきた。こうした中でも，若い世代を中心に，農山村への移住に対する関心が高まっ

ており，実際に移住を行う人も一定数存在する。田園回帰と呼ばれるこうした現象は，必ずしも農山村の人口増加につながるものではないが，新たな人材の流入によって，それまでにはなかった地域づくりの萌芽が生まれつつある（筒井編，2021）。

大都市住民が農山村に関心を持つ動機や理由は様々であるが，大都市にはない自然・生活環境に魅力を感じているのは間違いない。農山村出身者にとってごく当たり前だと思っていた事象が，大都市出身者からすれば魅力的に映り，それがその地域のPRにもつながりうる。人口増加には至らなくとも，こうした新たな人材独自の目線は，地域変容の大きな原動力となりうる。

政府は，そうした人材を確保するため，過疎地域などにおいて，様々な地域おこし支援や地域協力活動を行う「地域おこし協力隊」制度を2009年に開始した。地域おこし協力隊員は，1〜3年の任期で住民票を異動し，国が地方自治体に対して交付する交付金から給料が支払われる。こうした国レベルの人材流入策のみならず，各種の民間組織，NPOなどが参入して，農山村の活性化につながっている事例もある。

平地における集落形態

一般に中山間地域は，急斜面などのために耕地や集落の立地場所は自ずと限られる。これに対し，平地では，中山間地域に比べて耕地面積を広くとることが可能であり，耕地の形態に応じて集落形態も多様である。

集落は，集村と散村に大きく分けることができる。集村と散村にはそれぞれメリット，デメリットがある（上野・椿・中村編著，2015）。集村のメリットは，住民どうしが近くに居住するため，農業にかかわる共同作業や意見交換を行うことが容易であり，村落共同体の維持がなされやすい点である。デメリットは，住民に配分する農地の土地条件を均等化する必要性から，個々の農家の所有する農地が分散的になることである。すなわち，農地への移動が長くなるなど，効率が悪くなる。

散村のメリットは，各々の家屋が独立しており，家屋の近くに農地を所有することが可能なことである。これにより，農地への移動は短く，効率的な農作業が可能になる。デメリットは，村民どうしの意思疎通などが不便になることである。また，集村と違い，家々が季節風にさらされるという問題もある。これに対処するため，散村では，自らの家屋を屋敷林で囲むことが多い。

平地の集落は，自然条件や社会条件によっても分類できる。自然条件については，特に地形が集落立地に影響を及ぼす。扇状地では，水の得やすい扇端に集落が形成され，河川が伏流することの多い扇央は畑，果樹園などに利用されてきた。氾濫原においては，洪水を避けるために自然堤防上に集落が形成され，後背湿地は水田に利用されてきた。河岸段丘では，水の得やすい低位段丘面に集落が立地し，上位段丘面には畑，果樹園などが分布することが多い。しかし，灌漑技術や治水技術の向上により，かつては水が得にくかったり，水害常襲地であったりした場所でも，住宅の立地が進んでいる。

78　第2部　農山漁村

　社会条件による集落立地の事例として，新田集落，環濠集落などがある。江戸時代の人口増加期には，食糧増産を目的とした新田開発が数多く行われた。水の得にくい台地に用水路を整備したり，干拓によって陸地を広げたりして，水田，畑などが開発されていった。武蔵野台地における新田集落（第6章）は，街道に沿った列村を形成することが多かった。干拓地では，新しい干拓地が低湿であることが多く，古い干拓地の旧潮受堤防付近に列村が形成されることが多い。一方で旧干拓地では，新しい干拓地の開発によって直接高潮の被害を受けにくくなるため，集落の立地場所の自由度は高まる。例えば，農地への近接性を重視した散村が形成されることもある（野村・鈴木，1964）。環濠集落は，集落の周りを濠で囲った集落のことであり，敵の侵入や攻撃から集落を防衛する意味合いが強い。平地農村に都市化が及ぶにつれて，こうした典型的な集落は少なくなってきたが，現在の土地区画の中にかつての区画をとどめているものも多い。

2節　新潟県新潟市南区－果樹栽培の盛んな自然堤防地域

本州日本海側最大の都市・新潟市

　新潟市は，人口770,893人（2023年4月30日現在）を有する本州日本海側最大の都市である。信濃川，阿賀野川の河口に位置するゆえに，内陸部の物資を運び出したり，他地域からの物資を運び込んだりする際の拠点として古代から栄えてきた。明治に入り，函館，神奈川，兵庫，長崎とともに開港されると，日本海側唯一の開港場として，近代的な港湾整備が進められていった。高度経済成長期には新産業都市に指定され，東側に位置する聖籠町とともに工業都市としての発展もみられるようになった。同時期に，北陸地方，甲信越地方を管轄する支店の立地も進んだことで，人口の集積も顕著になった。2005年に周辺市町村との合併がなされ，2007年には本州日本海側初の政令指定都市となった。

旧・白根市の概要

　ここでは，新潟市の中でも南区を取り上げる。南区は，2005年に新潟市に編入された旧・白根市，旧・味方村，旧月潟村によって構成されている行政区である。信濃川と中ノ口川沿いに自然堤防が形成されており，戦前からの集落の大半は自然堤防上に立地している。合併前の中心都市は旧・白根市（図7-1）であり，江戸時代にはこの地域における米の集散地として機能していた。

　白根では，かつては染物業と仏壇産業が盛んであった。江戸時代から続く染物業は，明治に入ってますます盛んになった。生産が向上する染物業への資金供給の必要性から，地元の地主や豪商が中心となって金融機関（白根会社。後に白根銀行に転換。現在の第四北越銀行白根支店）を設立するなど，明治期における当地域の経済を牽引してきた（白根市史編さん室編，1989）。仏壇産業は，染物業よりやや遅れて発展していく。高度な技術を持ちつつも，当初は独自の販売網が確立されておらず，新潟市内の業者の下請けとして位置づけられていた。大正

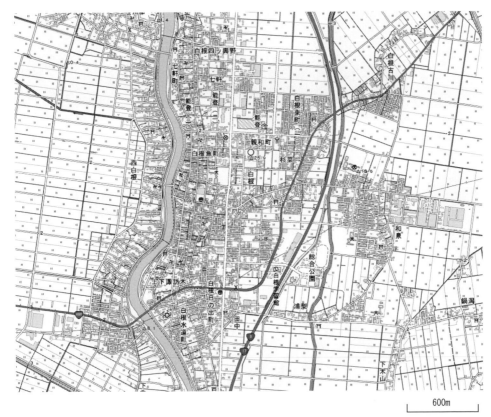

図 7-1 新潟市南区中心部（旧・白根市）とその周辺地域
（地理院地図により作成）

末期から昭和にかけての時期に，積極的な PR 活動と販路開拓がなされ（白根市史編さん室編，1989），「白根仏壇」の名が世に広まるようになった。

果樹の産地

　氾濫が多発する信濃川や中ノ口川周辺（図 7-2）では，稲作を中心としつつ，水に強いとされる日本ナシの栽培が古くからなされてきた。米の生産調整がはじまった 1970 年代以降，稲作から果樹への転換が加速した（本間，2021）。現在では，モモ，ブドウや西洋ナシ（ル レクチエ）など多様な果樹栽培が行われている（写真 7-1）。表 7-1 をみると，新潟県全体では圧倒的に稲が多いのに対し，新潟市南区では果樹類の経営体数の比重が大きいことがわかる。特に果樹栽培が盛んなのは，中ノ口川沿いの自然堤防上においてである。農林業センサスでは，1950 年当時の市区町村名単位でもデータが示されているので，それをみると，旧・新飯田村と旧・茨曽根村において，稲よりも果樹園の栽培経営体数のほうが多くなっている。いずれも，中ノ口川沿いの自然堤防上に位置する地区である（図 7-2）。なお，茨曽根村の小池左右吉氏は，20 世紀初期に日本で初めてル レクチエを導入，栽培した人物として知られる。

　このように，果樹産地として名高い地区であるが，近年は，高齢化，後継者不足，栽培面積の減少などの問題に直面している（図 7-3）。高齢化した農家が果樹園を放棄する事例も多く

80　第2部　農山漁村

図7-2　中ノ口川沿いの自然堤防
（地理院地図により作成）

写真7-1　ル レクチエの栽培の様子
（2024年筆者撮影）

表7-1　新潟県，新潟市，南区における
稲と果樹の栽培経営体数

	稲	果樹類
新潟県	39,428	2,675
新潟市	5,865	1,029
南区	1,036	466

稲には飼料用は含まない。
（2020年農林業センサスにより作成）

なっている（写真7-2）。放棄された果樹園にタヌキなどが生息しはじめて獣害をもたらすこともある。こうした問題解決のため，生産者，JA，新潟市南区農業振興公社，新潟県農業普及指導センターなどが共同で，所得向上，販売戦略，労力確保を軸とした果樹産地維持の取組みをはじめた（新潟県新潟地域振興局農林振興部，2022）。

中でも，販売戦略においては，ル レクチエのブランド化に力を入れている。ル レクチエの原産国はフランスであるが，すでにフランスでは，商業ベースでは栽培しておらず，新潟県が生産量世界一となっている（湯田，2023）。また，先述の通り，日本におけるル レクチエ栽培発祥の地でもあり，ル レクチエに力を注ぐのは必然なのかもしれない。

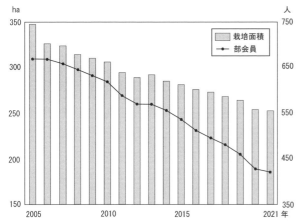

図7-3 しろね果樹部会の部会員数と登録栽培面積の推移
(新潟県新潟地域振興局農林振興部「新潟市南区白根地域における果樹産地維持へ向けた取り組み」技術と普及 59-7, 2022年, により作成)

写真7-2 放棄された果樹園
(2024年筆者撮影)

人口と通勤動向

　農業以外の雇用に目を向けたい。南区内には，白根北部工業団地，千日上工業団地をはじめとしていくつかの工業団地が建設されている。また，旧・白根市の中心市街地には各種の小売・サービス施設が立地しているし，主要道路沿いにはロードサイド型の店舗も存在する。これらは，南区に居住する非農家や兼業農家の就業先になっているものと思われる。表7-2は，南区常住者の主な通勤先を示したものである。自宅外の南区内で就業する人は40％を超えており，農外労働の多くを南区内に収容できているといえる。南区以外をみると，新潟市の都心に相当する中央区への通勤率が高く，次いで，中央区と市街地（DID）が連担している西区への通勤率が高い。一方で，三条市や燕市など，新潟市都心部方面とは反対側に位置する自治体への通勤率はそれほど高くない。

　先に，農家における高齢化や後継者不足について言及したが，このことは，人口推移や高齢化率からも示唆される。図7-4は，新潟市南区における65歳以上人口とその割合を示したも

表7-2 新潟市南区常住者の主な通勤先

	実数	通勤率(%)
自宅で従業	3,533	16.0
自宅外の南区内	9,043	40.8
新潟市中央区	1,944	8.8
新潟市西区	1,753	7.9
新潟市西蒲区	1,038	4.7
三条市	983	4.4
新潟市秋葉区	801	3.6
燕市	741	3.3
新潟市江南区	625	2.8
合計	22,143	100.0

(2020年国勢調査により作成)

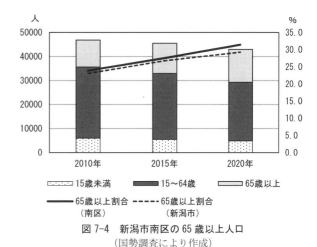

図7-4 新潟市南区の65歳以上人口
(国勢調査により作成)

82 第2部 農山漁村

のである。まず，総人口は減少傾向にある中で，65歳以上人口だけが増加している。このため，2010年以降，65歳以上人口割合は上昇傾向にあり，少子高齢化が明瞭である。図7-4には，新潟市全体の65歳以上人口割合も示しているが，南区のほうがその割合が高いことがわかる。合併により政令指定都市の行政区となった南区であるが，以上でみたように，一般的な政令指定都市にはない様々な特徴や課題がみられる。

3節　富山県入善町－黒部川扇状地の散村

散村の町・入善

　入善町は，町域の大部分が黒部川扇状地に含まれる（図7-5）。北アルプスを源流とする黒

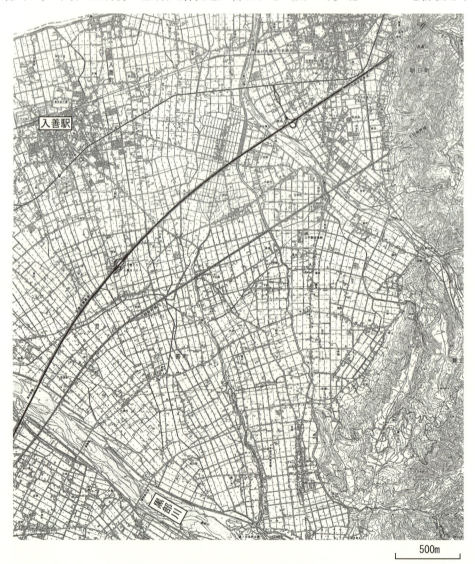

図7-5　入善町中心部とその周辺地域
（2万5千分の1地形図「船見」「泊」により作成）

写真 7-3　黒部川扇状地の散村景観
(2024 年筆者撮影)

部川が運搬してきた大量の砂礫が堆積し，現在の黒部川扇状地が形成された。黒部川扇状地は，同じ富山県の砺波平野とともに，散村景観のみられる地域として知られる（写真 7-3）。黒部川扇状地には，網状流の小河川と，それによって形成された微高地が無数にみられる。微高地と微高地の間の凹地に網状流の小河川や用水路が走っており，そこから得られる水を利用することを考えると，集村よりも散村のほうが望ましい。このようにして，黒部川扇状地の散村景観が生まれたと考えられている（水嶋，2019）。

黒部川扇状地では，家屋ごとにカイニョと呼ばれる屋敷林がみられた。散村の場合，暴風から家屋を守るためには，家々が自ら屋敷林で家屋を囲う必要があったためである。しかし，近年は，建築技術の向上により，暴風に耐えうる家屋が建設されるようになった。そのため，貴重な屋敷林は姿を消しつつある。

稲作とチューリップ

富山県をはじめとする北陸地方は，豪雪ゆえに冬季の農作物栽培が難しい一方で，春季には雪解水によって豊富な農業用水が供給されるため，水田単作地帯として知られる。表 7-3 をみると，富山県そして入善町がいかに稲作に特化した農業構造であるかがわかる。

しかし，このような稲作地帯になるまでには多くの苦労があった。中世における黒部川扇状地，とりわけ扇央部においては，水を得ることが困難であったため，水田は少なかった。近世に入り，加賀藩によって黒部川からの灌漑用水が開削されたことにより，黒部川扇状地の新田開発が本格化していった。

表 7-3　全国，富山県，入善町における稲作の経営体数と作付面積

	経営体数			作付面積 (ha)		
	総経営体数	稲作	稲作の割合 (%)	総作付面積	稲作	稲作の割合 (%)
全国	967,187	714,341	73.9	2,562,434	1,288,213	50.3
富山県	11,924	11,111	93.2	47,840	35,891	75.0
入善町	614	602	98.0	3,655	2,728	74.6

(2020 年農林業センサスにより作成)

写真7-4　チューリップ畑
（2024年筆者撮影）

とはいえ，黒部川扇状地の土壌は，砂質で水が浸透しやすく，鉄分が不足するという性質を持っていた。そのうえ，北アルプスを源流とする黒部川の雪解け水は非常に冷たく，冷水温障害が発生していた。そのため，単位面積当たりの収量は低水準にとどまっていた。1950年代に入り，この問題への対策として，農業用水路を利用して周辺から粘土質の赤土を搬入（客土）することになった。この流水客土事業により，鉄分を含んだ粘土がもたらされるとともに，水田の水温が上昇した。こうして，米の収量は大幅に上昇した（入善町史編さん室編，1990）。さらに，1960年代から1970年代にかけて圃場整備事業が実施され，機械化による農作業の効率化がいっそう進んだ。

　全国的に，地域独自の農産品に付加価値を付けて売り出す戦略が進められているが，富山県では，新品種のブランド米「富富富」が開発された。富富富は，従来のコシヒカリに比べ，いもち病に強いため，農薬を抑えた栽培が可能である。また，高温耐性に優れており，近年の温暖化傾向の中でも安定した栽培が可能である。2016年に名称を募集し，2017年に富富富に決定した。入善町でも富富富の生産が進められており，全国のイベントで富富富のPR活動を行ったり，学校給食に取り入れたりするなどして普及を図ってきた。

　黒部川扇状地は，砺波平野と並んでチューリップ栽培の盛んな地域である。チューリップは，水田単作農家が多い中で，貴重な二毛作作物となっている。戦前からチューリップ栽培は試みられてきたが，戦時中の食糧増産政策によって衰退してしまった（田林，1994）。戦後，「富山県花卉球根農業協同組合」が設立され，生産体制や出荷ルートの確立が進んだ。さらに，1970年代に米の生産調整がはじまったこともあり，チューリップ栽培も拡大した。

1990年代以降は，輸入自由化によるオランダ産チューリップとの競争激化，栽培農家の高齢化などの問題を抱えており，栽培農家の数も減少傾向にある。しかし，例年，4月上旬から下旬にかけて，「にゅうぜんフラワーロード」が開催され，咲き誇るチューリップ（写真7-4）の観覧に多くの観光客が訪れている。

工場進出による兼業化

　水田単作農家の多い入善町では，農業以外の所得を求める人が多い。かつては，冬の農閑期に出稼ぎ労働として大都市で就業することも多かったが，現在ではごくわずかである。1960年代から1980年代にかけての時期に，国道や北陸自動車道が整備されるにつれて，工場や物流施設の進出が顕著になった（写真7-5）。この背景には，圃場整備事業とそれに連動する農工一体化政策があった。圃場整備によって農業の機械化が進むと，農家に余剰労働力が生まれ

写真 7-5　入善町に進出した工場
(2024 年筆者撮影)

表 7-4　全国,富山県,入善町における産業別就業者

	全国 実数	全国 構成比(%)	富山県 実数	富山県 構成比(%)	入善町 実数	入善町 構成比(%)
第1次産業	1,962,762	3.4	15,431	2.9	713	5.9
第2次産業	13,259,479	23.0	172,096	32.5	4,978	41.1
第3次産業	40,679,332	70.6	329,678	62.3	6,379	52.7

(2020 年国勢調査により作成)

表 7-5　入善町常住者の主な通勤先

	実数	通勤率(%)
自宅で従業	1,186	9.9
自宅外の入善町内	5,231	43.7
黒部市	2,943	24.6
魚津市	863	7.2
朝日町	752	6.3
富山市	571	4.8
滑川市	242	2.0
合計	11,964	100.0

(2020 年国勢調査により作成)

る。そこで,企業を誘致し,余剰労働力が地域内で吸収されるようにした。この農工一体化政策により,通勤形態をとる兼業農家が増えていった。

　表 7-4 をみると,入善町に居住する就業者には第 2 次産業就業者の割合が高い。すなわち,進出してきた工場や物流施設での就業者が多く存在するものと思われる。具体的な通勤先をみると（表 7-5）,自宅外の入善町内で就業する人が 43.7％と多く,町内における雇用機会の存在を物語る。次いで多いのは,黒部市の 24.6％である。これは,隣接する上位中心地への通勤流動であり,工場,物流施設のみならず,オフィス,商業施設,サービス施設など,黒部市内の様々な施設が通勤先になっているものと思われる。

4 節　熊本県氷川町 – 干拓とイグサの農村

干拓の町・氷川町

　ここで取り上げる氷川町は,八代平野の中央やや北側に位置し,北は宇城市,南は八代市と接する町である。八代平野は,球磨川,氷川,砂川などの河川の堆積によって形成された沖積平野である。八代海（不知火海）には干潟が発達しており,江戸時代以降,干拓によって農地を広げてきた歴史を持つ。氷川町域も同様であり,これまでに干拓によって面積を広げてきた。江戸時代には,1838 年に鹿野新地（氷川町鹿野）が,1852 年に網道新地（氷川町網道）が干拓によってつくられた（図 7-6）。網道新地の干拓の際に造られた樋門は,沖塘樋門群として現存する（写真 7-6）。戦後になると,1967 年に不知火干拓が国営事業として実施された（図

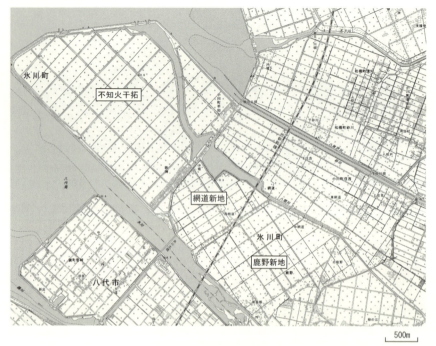

図 7-6 氷川町の干拓地
(地理院地図により作成)

写真 7-6 沖塘樋門群の一つ
(2024 年筆者撮影)

写真 7-7 収穫前（6 月上旬）のイグサ
(2024 年筆者撮影)

7-6)。このように，氷川町の大部分は干拓によって成り立っている。図 7-6 をみると，干拓地内には列状に家屋が並んでいる様子がわかる。これらの列村の多くは，かつての干拓事業の際に潮受用に造られた堤防付近にみられる。

農作物の栽培と現状

　熊本県は，イグサの産地として知られており（写真 7-7），日本における畳表の生産量の 9 割を熊本県が占めている。その生産の中心が八代平野である。温暖な気候ゆえに，この地域では水稲とイグサの二毛作が古くからなされてきた。

　しかし，近年のイグサ生産は，非常に厳しい状況にある。図 7-7 をみると，作付面積，栽培

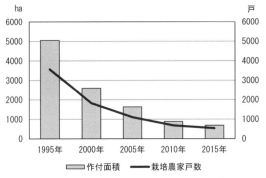

図7-7 熊本県におけるイグサの作付面積と栽培農家戸数の推移
(熊本県農林水産部生産局農産課「熊本県のいぐさ産地における取組み」特産種苗21, 2015年, により作成)

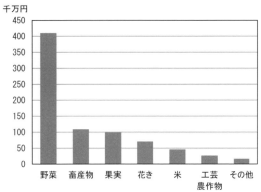

図7-8 氷川町における農業産出額の内訳
(2020年農林業センサスにより作成)

農家戸数ともに急減していることがわかる。イグサ生産における問題・課題として, ①生産者の減少や高齢化・後継者不足, ②住宅の洋風化, 畳離れによる需要の減少, ③イグサ・畳表の価格の低迷, ④外国産イグサの輸入増加, ⑤イグサ専用機械の生産中止・メーカー撤退, ⑥流通経路の見直し, ⑦生産組織, 出荷組織の再編が挙げられている (石田, 2022)。

熊本県やJAなどでは, イグサ産地の維持に向けた取組みを行っている。例えば, 熊本県では, QRコードを用いて, 生産者が栽培する畳表の品種名, 使用農薬記録, 栽培面積, 圃場管理状況などを公開し, 熊本県産畳表の信頼性を高めることで, 輸入品との差別化を図っている。また, 農林水産省による地理的表示 (GI) 保護制度への登録も行った。これは, 伝統的な生産方法などが高い品質等と結びついている産品の名称 (地理的表示) を, 知的財産として登録し保護する制度である。2016年に,「くまもと県産い草」と「くまもと県産い草畳表」が, 全国で8件目と9件目に登録された。2024年1月現在, 登録されているのは139件であることから, イグサ産地の早期からの積極的な取組み姿勢がうかがい知れる。

衰退傾向にあるイグサに対し, 氷川町で生産が盛んなのが, 野菜や果実である。少なくとも農業産出額でみると (図7-8), いまや米やイグサ (図7-8では工芸農作物が該当する) は非常に少なく, 野菜, 畜産, 果実などが中心であることがわかる。キャベツ, ブロッコリー, イチゴ, 日本ナシ, 温州ミカンなどの栽培が盛んである。日本ナシは, 吉野地区 (旧・吉野村) において「吉野梨」のブランドで生産されており, 氷川町の特産品の一つになっている

農外労働と通勤

氷川町には, 農業を行っている経営体のうち, 農業所得を主業とする割合が約60%と比較的高い (表7-6)。一方で, 残りの40%は準主業や副業的な状態にあるわけであり, そうした場合は農業以外で雇用を得ているものと思われる。そこで, 氷川町常住者の通勤流動についてみておきたい。表7-7によれば, 15歳以上就業者のうち, 自宅が約30%を占めている。これは, 主に農業従事者を示すものと思われるが, 先にみた富山県入善町では, 自宅従業者の割合はわずか10%程度であった (3節)。兼業を中心とする入善町と, 農業所得を主とする割合の高い

88　第 2 部　農山漁村

表 7-6　氷川町における主副業別の経営体数

	全国		氷川町	
	実数	構成比 (%)	実数	構成比 (%)
主業	230,855	22.3	338	60.7
準主業	142,538	13.7	32	5.7
副業的	663,949	64.0	187	33.6
合計	1,037,342	100.0	557	100.0

(2020 年農林業センサスにより作成)

表 7-7　氷川町常住者の主な通勤先

	実数	通勤率 (%)
自宅で従業	1,706	31.3
自宅外の氷川町内	1,190	21.9
熊本市	370	6.8
八代市	1,343	24.7
宇土市	110	2.0
宇城市	562	10.3
その他	165	3.0
合計	5,446	100.0

(2020 年国勢調査により作成)

氷川町の違いが，ここに表れている。氷川町内以外の通勤先をみると，南側で隣接する八代市への通勤率が約 25％と高い。北側で隣接する宇城市は約 10％となっている。八代市と宇城市それぞれへの通勤率の差は，両都市の規模の差，雇用機会の差とみてよい。八代市は，近世からの八代平野の中心都市であるだけでなく，1960 年代に新産業都市に指定され，臨海工業地域が整備されるなど，豊富な雇用機会が存在する。こうした八代市を中心とする都市圏に，氷川町は組み込まれているとみることができる。

[参考文献]

石田真隆「くまもと県産いぐさのブランド確立－熊本県いぐさ産地の存続に向けて」機械化農業 3249，2022 年

上野和彦・椿　真智子・中村康子編著『地理学基礎シリーズ 1　地理学概論』朝倉書店，2015 年

白根市史編さん室編『白根市史　巻七　通史』新潟県白根市，1989 年

田林　明「黒部川扇状地におけるチューリップ球根栽培の分布変化」地理学評論 67，1994 年

筒井一伸編『田園回帰がひらく新しい都市農山村関係－現場から理論まで』ナカニシヤ出版，2021 年

椿　真一・佐藤加寿子「米生産調整の見直しをうけた大規模稲作経営の生産対応と生産調整の展望」農村経済研究 36-2，2019 年

新潟県新潟地域振興局農林振興部「新潟市南区白根地域における果樹産地維持へ向けた取り組み」技術と普及 59-7，2022 年

入善町史編さん室編『入善町史 通史編』入善町，1990 年

野村孝文・鈴木雅夫「農業集落とその特徴について－佐賀県干拓地域を対象として」日本建築学会論文報告集 105，1964 年

本間博樹「日本一の大河「信濃川」の恵みを育む果樹栽培－新潟県新潟市南区「白根地域」果実日本 76-12，2021 年

水嶋一雄「黒部川扇状地の散居村と水－自然と一体化した豊かな生活空間」ビオシティ 80，2019 年

湯田　渉「新潟県におけるルレクチエのブランド化の取組み」果実日本 78-9，2023 年

第8章　中山間地域

1節　中山間地域の概要

中山間地域とは

　「中山間地域」とは，農林水産省による農業地域類型のうち，中間農業地域と山間農業地域を合わせた地域を指す。耕地率や林野率によって区分した類型であり，山間農業地域には，林野率80％以上かつ耕地率10％未満の地域が該当する。中間農業地域は，大まかには，都市的地域，平地農業地域，山間農業地域のいずれにも該当しない地域であり，平地農業地域と山間農業地域の間に位置するといってよい。なお，中山間地域と類似する用語に「山村」があるが，山村とは，山村振興法によれば「林野面積の占める比率が高く，交通条件及び経済的，文化的諸条件に恵まれず，産業の開発の程度が低い等の地域」とされる。もちろん，これらの定義には，政策や研究者によって微妙な違いが存在する。以下では，厳密な用語の定義にはこだわらず，中山間地域の用語を使用することとする。

中山間地域の衰退

　中世までの中山間地域には，比較的規模の大きな集落が存在していた。しかし，江戸時代に石高制が導入されて以来，平地部における開墾が中心となったため，中山間地域の地位は低下していった（石井・浮田・伊藤編，1986）。それでも，平地部への薪炭や生糸の供給などが，中山間地域の重要な機能であり続けたため，本格的な衰退には至らなかった。

　1950年代以降，中山間地域を取り巻く状況は大きく変わっていった。外国木材の輸入自由化，エネルギー革命による薪炭需要の低下，和装需要の低下や安価な生糸輸入の増大などにより，林業，製薪炭業，養蚕業が衰退し，中山間地域における生活基盤が崩れていった。一方，大都市圏においては産業集積による求人が増加したため，職を求めて若者が大都市圏へ流出していった。電源開発としてのダム建設も進められ，ダム建設予定地では廃村も進んだ。過疎化が進んだのも，まさにこの時期のことである。

　その後，労働集約型の製造業が進出したり，公共事業によって建設業が発展したりする中で，中山間地域における雇用や所得の増加が進んだが，2000年代に入ると，製造業の海外シフトや公共事業の削減により，中山間地域の衰退が再び現れるようになった（岡橋，2019）。平成の大合併により，中山間地域を抱える地方自治体の多くは，近接する地方都市と合併した。そ

90　第2部　農山漁村

表 8-1　平地農業地域・中間農業地域・山間農業地域における農業生産性

	平地	中間	山間
労働生産性（1時間当たり）	936 円	733 円	570 円
土地生産性（1ha 当たり）	97 万円	74 万円	70 万円
資本生産性（千円当たり）	431 円	326 円	272 円

（農林水産省の資料：https://www.maff.go.jp/j/study/other/cyusan_siharai/
matome/ref_data2.html により作成）

れまで行われてきた中山間地域対策は，合併によって誕生した自治体の政策の中では，合理的
な行政運営の名のもとで後回しにされがちであった。吸収合併によって自治体が消滅したこと
で，中山間地域の振興に携わってきたリーダー層が失われ，主体性も奪われることになったと
もいえる（藤田編，2011）。

中山間地域の活性化

中山間地域には傾斜地が多く，そうした地域での農耕は，平地農業地域に比べて生産性が低
い。表 8-1 によると，労働生産性，土地生産性，資本生産性のいずれをみても，平地よりも中
山間地域において低いことがわかる。

1980 年代に，貿易の自由化にともない外国産の農作物が輸入されるようになると，条件の
不利な中山間地域の農業への影響が懸念された。中山間地域は，食料供給だけでなく，水源
涵養，土砂災害防止などの多面的機能も有している。中山間地域の農業が衰退し，森林管理や
耕作の放棄が進めば，これらの機能も低下してしまう。そこで，中山間地域を支援するために，
2000 年に中山間地域等直接支払制度が開始された。この制度は，農地の傾斜状況，高齢化率，
耕作放棄率，気温などの一定条件を満たす条件不利地域を対象に，農業生産活動等を行う農家
に対し，面積に応じて交付金を交付するというものである。中山間地域における政策としては
画期的なものではあるが，稲作が政策のベースとなっており，畑作山村には必ずしも有効では
ないという指摘もある（西野，2004）。

戦後の林業の衰退に対応するため，1964 年に林業基本法が制定されたが，バブル崩壊後の
木材需要や木材価格の低下によって，産業としての林業の振興が現実的ではなくなってきた。
そこで，森林の持つ多面的機能を重視する森林・林業基本法が，2001 年に制定された。これ
に基づいておおむね 5 年ごとに策定される森林・林業基本計画が，2021 年に更新された。

最新の基本計画では，2050 年カーボンニュートラルを見据え，二酸化炭素の吸収機能を森
林が維持していくためには，森林を適正に管理して，林業・木材産業の「持続性」を高めなが
ら成長発展させることが必要であるとしている（土居，2021）。主要な施策のうち，「都市等
における「第2の森林」づくり」では，中高層建築物や非住宅分野での木材需要の拡大を目指
すとしている。東京・丸の内にある東京海上ビルの，国産木材を使用した木造ハイブリッド超
高層ビルへの建て替え（第1章）も，こうした流れに位置づけることができる。また，「新た
な山村価値の創造」として，地域資源を活かした産業の振興に加え，森林サービス産業の育成，
関係人口の拡大も目指すとしている。

こうした政策的な面だけでなく，6次産業化や農泊の推進など，地域レベルでも地域振興が進んでいる。条件不利地域と呼ばれることの多い中山間地域であるが，裏を返せば，都市では得られない様々な体験が可能な空間でもある。田園回帰は，主として生活条件の比較的良好な平地農業地域においてみられる現象であるが，中山間地域でも同現象は確認されている（西野，2020）。森林の多面的機能を維持しつつ，中山間地域の活性化を進めるためには，従来のダム開発や製造業立地のような外部依存型のものではなく，こうしたソフト面を重視した取組みが重要である。

2節　長野県南木曽町－木曽林と中山道の町

木曽の山々の利用

　南木曽町は，林野率が88.9%（2020年農林業センサスより）と，大部分が林野で占められている町である（図8-1）。南木曽町をはじめとする木曽谷の森林は上質なヒノキで知られ，江戸時代には尾張藩の管理下にあった。明治に入ると，藩有林は官林となり，その後には皇室管理の御料林に編入されていった。戦後には，御料林から国有林へと変わっていった。現在，南木曽町において国有林の割合が高い（全国の森林に占める国有林の割合は約3割であるのに対し，南木曽町のそれは約7割）のには，こうした歴史的背景がある。

　木曽谷の森林は，江戸，大坂，名古屋などの城下町を建設する際に大量に利用された。特に，尾張藩の城下町である名古屋と木曽谷との関係は強い。名古屋城下町を建設する際，木曽の森林から採り出された木材は，木曽川の水運を利用して名古屋まで運ばれた。この木材を使って築城や城下町建設に携わった技術者の多くは，そのまま名古屋に残った。これが，ものづくり

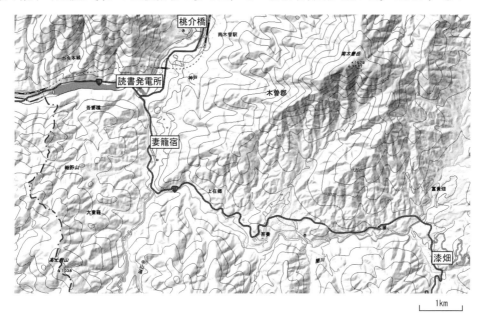

図8-1　南木曽町の妻籠宿とその周辺地域
（地理院地図により作成）

写真 8-1　桃介橋
読書発電所を建設した大同電力社長の福澤桃介にちなんで桃介橋と名付けられた。
（2024 年筆者撮影）

写真 8-2　読書発電所
読書発電所と読書第二発電所は 1965 年に「読書発電所」として統合された。
（2024 年筆者撮影）

で知られる現在の名古屋の基盤になっており，名古屋のものづくりの歴史は木曽の木材が支えたといっても過言ではない。一方で，森林伐採により木曽の山々の荒廃が進むようになった。そこで尾張藩は，17 世紀半ばに，木曽谷への入山と森林の伐採を制限した。これにより，豊かな緑が回復することになったが，林業を生活の基盤としてきた地元の人々にとっては，尾張藩による入山，伐採制限が大きな打撃になったことは想像に難くない。

　1920 年代になると，木材の輸送は，木曽川水運から森林鉄道へと置き換わっていった。森林鉄道と国鉄中央本線を結び付けた鉄道輸送により，木材の輸送効率が格段に向上していったのである。このような森林鉄道も，モータリゼーションによるトラック輸送が本格化するにつれ，姿を消していくことになった。

　木曽川水系では，発電所の建設も活発に行われた。20 世紀初期の工業化を背景に，1920 年代には水力発電所が数多く建設された。南木曽町域では，1923 年に発電を開始した読書発電所がある。この発電所や，建設工事用に架設された桃介橋（写真 8-1）は，経済産業省によって認定された近代化産業遺産「木曽川の水力発電関連遺産」の一部を構成している。戦後の復興から高度経済成長期にかけて，さらに大量かつ効率的な電力供給が必要とされたため，より大規模な発電所が建設された。関西電力は，先述の読書発電所に続き，増大する電力需要に対応するため読書第二発電所を建設し，1960 年に運転を開始した（写真 8-2）。こうした発電所の建設は，道路改修工事などの各種事業の実施，ダム工事関係者の流入による町内での消費など，地域に与える影響も大きかった（南木曽町誌編さん委員会編，1982）。

南木曽の伝統産業

　南木曽町には，森林や木材に関連する伝統工芸がいくつか残っている。代表的なのが，南木曽ろくろ細工である。木地師の里とも呼ばれる南木曽町漆畑がその産地である（図 8-1）。木地師とは，良材を求めて全国の森林を渡り歩き，ろくろを使って木工品を製造してきた職人であり，1,000 年以上の歴史を持つ。発祥は，現在の滋賀県東近江市の小椋谷であり，南木曽町

写真 8-3　南木曽ろくろ産地（南木曽町漆畑）
（2024 年筆者撮影）

写真 8-4　妻籠宿
（2024 年筆者撮影）

漆畑でろくろ細工製造に従事する職人はその子孫である。それゆえ，南木曽町漆畑には，小椋谷にちなみ，「小椋」や「大蔵」といった苗字の人が多い。

　南木曽町に木地師が入ったのは，明治以降のことである。明治に入り，尾張藩による入山規制が解除され，木曽谷の森林は御料林に編入されていく。そこで，東の伊那谷にいた木地師たちは，木曽谷の御料林の払い下げを願い出て許可を受けた。こうして，南木曽町に木地師が入山し，ろくろ細工の製造を行うようになった（松本，2011）。

　もともとは，家族労働力による受注生産と卸売で安定していたが，プラスチック製品の普及などにより，漆畑のろくろ細工製品（お盆，鉢，お椀など）の需要が 1960 年代に低下するようになった。そうした中，妻籠宿の復原（後述）などを契機に南木曽町が観光地化していくにつれて，漆畑のろくろ細工にも注目が集まるようになる。これ以降，受注生産と卸売だけでなく，店舗（写真 8-3）を整備して小売を開始するようになった（古川，1991）。さらに，1980 年には国の伝統的工芸品産地に指定されたことで，その名声は高まった。

妻籠宿

　木曽谷には，江戸時代に中山道が整備され，宿場もいくつか設置された。南木曽町域には，三留野宿と妻籠宿がある。妻籠宿（写真 8-4）は，1976 年，岐阜県白川村荻町の白川郷（3 節）などとともに，重要伝統的建造物群保存地区の第 1 号に指定された。現在でも，多くの観光客が訪れる名所の一つとなっている。

　妻籠宿は，町並み保存の先駆的事例とされる（村松・赤坂，2010）。明治における宿場の廃止や鉄道の開通により，妻籠宿は，近代的な交通体系から取り残される形で衰退が進んだ。しかし，大量生産や機能性が重視される高度経済成長期に，そうした価値観とは対照的な妻籠宿の町並みが注目されるようになった。重伝建地区選定に先立つ 1960 年代に町並み保存の組織が結成され，1973 年には「妻籠宿保存条例」が制定された（1976 年に「南木曽町妻籠宿保存地区保存条例」へ移行）。1968 年にはじまった妻籠宿保存事業により，町並みの復原や修景が進められた。このような取組みが，その後の重伝建地区への指定につながり，有力な観光名所

へと変貌していく基盤となった。

3節　岐阜県白川村－世界文化遺産・合掌造りの郷

飛騨地方の独立村

　岐阜県白川村（図8-2）は，飛騨地方に位置する人口1,511人（2020年国勢調査）の小規模自治体である。世界文化遺産に登録されている合掌造り集落・白川郷で有名な村である。白川村では，合掌造りを維持するために，住民どうしの共同作業が大事にされてきた。また，白川郷の持つブランド力は，村の最大の遺産であり，これを守るために白川村ではいくつもの取組みを実施してきた。

　こうした村の姿勢は，平成の大合併にも大いに影響を与えた。高山市と周辺の15市町村による「飛騨地域合併推進協議会」に白川村は参加したものの，合併することで白川村のコミュニティ機能が崩壊しかねないこと，白川郷のイメージが弱まりかねないことなどから，最終的には合併しないことを決めた。岐阜県飛騨地方では，平成の大合併によって広大な飛騨市，高

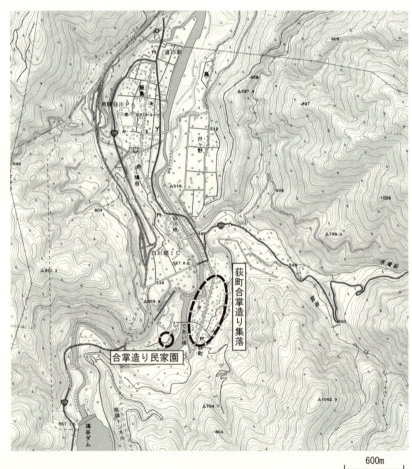

図8-2　白川郷とその周辺地域
（地理院地図により作成）

写真 8-5　合掌造り家屋周辺の水路
(2007 年筆者撮影)

写真 8-6　屋根裏部屋
(2007 年筆者撮影)

山市，下呂市が誕生したが，白川村だけが独立村として存在している。一般的に考えれば，小規模人口の村が単独で自治体を運営していくのは難しいが，それを可能にしたのは，まさしく白川郷の存在であったといえる。

合掌造り・白川郷

　1995 年，白川郷は，五箇山（富山県南砺市の菅沼，相倉）とともに「白川郷・五箇山の合掌造り集落」として世界文化遺産に登録された。白川郷，菅沼，相倉ともに庄川沿いに形成された集落である。特徴的な形態で知られる合掌造り家屋が誕生した背景には，養蚕業があるといわれる（白川村史編さん委員会編，2008）。江戸時代中期に養蚕業が盛んになると，蚕を育てるスペースが必要になってきた。とはいえ，庄川沿いの山間の集落であるがゆえに平地は非常に少ないし，雪深い地域であるため家屋の周辺には融雪のための池や水路（写真 8-5）が必要になる。こうしたことから，家屋を多く建てたり，蚕を育てるための施設を別個建てたりすることには限界があった。そこで，養蚕のための広い屋根裏を確保するために造られたのが合掌造りである。大きな合掌造り家屋であれば 4 〜 5 階建てのものもあり，2 〜 3 階以上が養蚕のためのスペースとされることが多かった（写真 8-6）。

　こうした合掌造りの構造は，当時の生活スタイルや自然環境を考えると，非常に合理的なものであった。しかし，明治に入って近代化が進むと，都市住民からは，近代化から取り残された地域と認識されるようになっていった。こうした認識を大きく変えたのが，ドイツの建築家ブルーノ・タウトであった。タウトは，ナチスからの迫害を逃れるために，1933 年から 1936 年にかけて日本に滞在した。その間に白川郷を訪れたタウトは，合掌造りが「合理的，論理的」な家屋であると評価した。世界的に著名な建築家の評価を受けて，合掌造り集落は近代化から取り残されたものではないとの認識が広まっていくことになった。このように，タウトが白川郷を「発見」したとされるが，加藤（2011）によれば，国鉄（JR）高山線が開通し観光開発が進む中で，タウトの白川郷来訪以前から，地元の郷土研究組織などによって白川郷に対する認

表 8-2　合掌造り住居棟数の変化（白川村）

	年	棟数		年	棟数		年	棟数
激減期	1951年	275	漸減期I	1971年	132	安定期	1990年	91
	1953年	264		1973年	131		1991年	88
	1956年	217		1974年	129		1993年	88
	1958年	223		1975年	128		1994年	88
	1961年	191	漸減期II	1976年	129			
減少期	1963年	181		1977年	114			
	1965年	166		1980年	112			
	1966年	159		1982年	110			
	1968年	144		1984年	104			
	1970年	133		1987年	111			
				1988年	94			

（白川村史編さん委員会編『新修白川村史　中巻』白川村, 2008年, により作成）

写真 8-7　合掌造りと現代的住居
（2007年筆者撮影）

識の変化は進んでいたようである。

合掌造りの減少と保存への取組み

　以上のように，白川郷に対する注目度は高まってきた一方で，高度経済成長期以降，合掌造りは減少の一途をたどった（表 8-2）。これには，電源開発（ダム建設）による集落の水没，企業（パルプ会社など）による山林の買収（白川村史編さん委員会編, 2008）など，外的な要因ももちろんあるが，合掌造り家屋の構造が現代の生活スタイルに合わなくなってきたことも一因に挙げられる。養蚕が行われなくなると，何重もの屋根裏部屋は不要であるし，合掌造り家屋を維持するためのコストもかかる。そのため，次第に現代的な住居に建て替えられてきた（写真 8-7）。

　こうした状況下で，合掌造りを守るために，集団離村した集落に残る合掌造り3戸を移築し，1972年に白川郷合掌村としてオープンした。その後も整備を進め，現在，「合掌造り民家園」と名称を変え，25棟の建造物が保存・公開されている。こうしたハード面での取組みだけでなく，1971年には，「白川郷荻町集落の自然環境を守る会」が結成され，ソフト面でも保存に向けた取組みがなされていくようになった。さらに，1976年には，重要伝統的建造物群保存地区に指定された。そして，1995年には，菅沼，相倉とともに「白川郷・五箇山の合掌造り集落」として世界文化遺産に登録された。

　世界文化遺産登録以降，観光客は増加してきた。これと並行して，観光客の急増による負の側面もみられるようになった。例えば，家屋や敷地内に観光客が侵入することによるプライバシーの問題，自動車が集落内に乗り入れることによる渋滞の発生などである。後者については，集落内の田畑を駐車場に転用するなどの事例もみられ，景観破壊にもつながることになった。ユネスコからもこうした問題が指摘されるようになり，村は，2011年に集落内の公営駐車場

を廃止し，2014年には観光車両の集落内への乗り入れを規制した。2016年には，集落の北の外れにバスターミナルを設置し，そこからは徒歩で観光客が集落内に向かうようになった。

トヨタ白川郷自然學校

　白川村には，トヨタ自動車が運営するトヨタ白川郷自然學校という施設がある。社会貢献活動推進策の一つとして，白川郷を訪れる人々に宿泊施設を提供するとともに，自然，文化，教育をテーマとする体験プログラムを企画したり，森林保全活動に取り組んだりしている。もとは，集団離村した土地を取得したトヨタが，従業員の保養施設として運営する予定であった。環境意識の高まってきた2000年代に入り，自然学校を作ろうという話がトヨタ自動車の中で持ち上がり，2005年にこの土地においてオープンしたのが，トヨタ白川郷自然學校である（山田，2005）。

　2020年，白川村は，林野庁による「森林サービス産業」（1節）の創出に取り組むモデル地域に指定された。この支援事業に基づき，白川村では，森林空間での健康ウォーキングや世界遺産集落での里山ハイキングなどの健康プログラムを用意し，その主たる舞台としてトヨタ白川郷自然學校が活用されている。こうした自治体と企業の連携によって，森林サービス産業を推進する先進的な取組みがなされている。

4節　京都府和束町－宇治茶の最大産地

宇治茶の最大産地・和束

　京都府和束町は，京都府南部に位置する山間の町であり（図8-3），林野率は76.2％を占める（2020年農林業センサスより）。茶の産地として知られ，山腹の斜面に広がる茶畑は非常に有名である。写真8-8は，京都府景観資産（後述）に登録された石寺の茶畑である。令和3年市町村別農業産出額（推計）によると，和束町の茶の産出額は14億6,000万円であり，農業総産出額（27億3,000万円）の5割以上を占める町の主力産業である。荒茶の生産金額と生産量の推移をみると（図8-4），2001年以降，多少の変動はありつつも，ほぼ横ばいで推移してきた。2020年には生産金額，生産量ともに大幅な落ち込みがみられるが，2021年には回復をみせていることから，コロナ禍による販売店の休業や，各種イベント中止などの影響が考えられる。

　和束町で生産される茶葉の多くは，宇治市の問屋を通じて宇治茶として出荷されるため，「和束」の名前が表に出ることは少ない。しかし，和束町は，京都府内で茶の生産量が最

写真8-8　石寺の茶畑
（2024年筆者撮影）

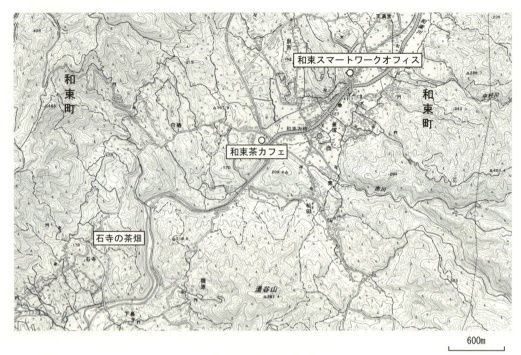

図 8-3　和束町内の主要地域
（地理院地図により作成）

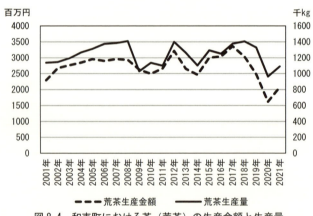

図 8-4　和束町における茶（荒茶）の生産金額と生産量
（京都府統計書により作成）

大であり，府全体の約半分を占めている。和束町域では，鎌倉時代から茶の栽培がなされていたといわれる。江戸時代には皇室領となり，京都御所に茶を納めるようになった（和束町HPより）。江戸時代末期には，日本茶の国際的な需要が高まり，需要な輸出品となっていった。特に，1868年に神戸が開港すると，近接性ゆえに神戸を経由した輸出で和束の茶生産も急増した。1960年代以降，京都府は，京都府特産園地開発事業，畑地再開発促進対策事業，団体営農地開発事業などにより，府内における茶園増反を後押しした。また，米の減反政策の影響で，生産性の低い山間部の棚田が茶園へと置き換わっていった（上田・向井編，2015）。これらにより，和束町でも栽培地が大幅に拡大した。

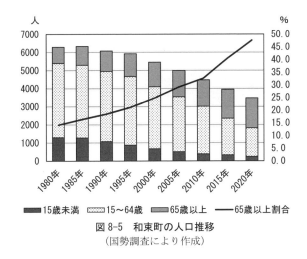

図 8-5　和束町の人口推移
（国勢調査により作成）

和束町のまちづくり

　和束町の人口推移をみると（図8-5），1990年代以降に人口減少が著しい。年少人口，生産年齢人口の大幅減少と高齢人口の増加により，1980年には14.2％であった65歳以上人口割合が，2020年には47.6％と，約半数が高齢者の町となっている。衰退した山村と言えなくもないが，その一方で，京都最大のお茶の産地であり，茶畑の景観は町外に誇るべきものである。こうした点に着目し，和束町の活性化につなげていく多様な組織による多様な活動が行われてきた（梅原，2020）。

　先述のように，和束で生産された茶は，宇治市の問屋を経由し，ブレンドされて宇治茶として世に出る。これに対し，各農家が自分たちのつくったお茶を味わってもらうことを意図して2000年に設立されたのが「ほっこりサークル」である。2003年にはNPO法人わづか有機栽培茶業研究会が設立された。その名の通り，有機茶栽培の調査や研究を通じて環境保全の啓発を行うことや，茶の生産，消費を通じた文化交流を行うことを目的とした組織である。これら以外にも，様々な組織（NPO法人，女性グループなど）が和束町において相次いで活動をはじめるようになった

　和束町の独特の茶畑景観は，訪日外国人からも注目されるようになっている。その出発点となったのが，国際ボランティアNGOのNICEによるボランティアを受け入れるようになったことである。2001年にはじまったこの事業は，日本人のみならず外国人のボランティアも多く参加してきた。これ以外にも，別の組織によって外国人が参加するイベントがなされるようになり，和束茶の産地としての国際的な知名度も向上してきた。

　2008年には，「宇治茶の郷　和束の茶畑」として，京都府景観資産に登録された。この登録の申請者となったのは，先述のNPO法人わづか有機栽培茶業研究会であった。同じく2008年には，和束町の観光の拠点であり，かつ和束町で生産された農産物の直売所兼カフェでもある和束茶カフェが開業した（写真8-9）。当初は和束町産の茶の販売が目的であったが，町内で活動する女性グループの協力により，茶に関連する農産加工品も並べられるようになっている（五艘，2021）。このように，和束町では，多様な組織が和束町内に参入するようになり，それ

写真 8-9　和束茶カフェ外観
(2024 年筆者撮影)

らが連携しつつ 6 次産業化が進められてきた。

和束町の強みの一つに，自然環境や独特の茶畑景観が残されている山村でありながら，京都市や大阪市などの大都市からもアクセスしやすいことがある。一方で，日帰り観光が中心になっており，宿泊による観光消費をいかに高めていくかが課題でもある。和束町では，農泊を積極的に進めており，茶畑景観を活かしつつ，宿泊体験型の観光スタイルへの転換に取り組んでいる。和束町では，和束町活性化センターが中心となって，修学旅行や教育研修旅行の受け入れ，外国人旅行客の受け入れを進めている。2018 年には，1989 年に閉校になった木津高校和束分校をリノベーションして和束スマートワークオフィスを開設し，和束町外からの移住者を受け入れる環境を整備した，さらに，2023 年には，このスマートワークオフィスを活用して，和束の地域学習，茶畑体験と宿泊を組み合わせた「茶畑合宿 in 和束スマートワークオフィス」プログラムを開始した。このプログラムの対象は大学生や専門学校生であり，単に農泊推進にとどまらず，将来的な若者の移住や起業までを視野に入れている。

[参考文献]

石井素介・浮田典良・伊藤喜栄編『図説 日本の地域構造』古今書院，1986 年

上田純一・向井佑介編『和束地域の歴史と文化遺産』京都府立大学文学部歴史学科，2015 年

梅原　豊「民を起点とした，中心のないローカル・ガバナンスの生成と形成，発展について－京都府和束町のまちづくりの変遷を通じて」同志社政策科学研究 22-1，2020 年

岡橋秀典「現代山村の存立構造をめぐる一考察－ 2000 年代以降の日本の山村を対象として」奈良大地理 25，2019 年

加藤晴美「飛騨白川村にみる山村像の変容」地理学評論 84，2011 年

五艘みどり「京都府和束町のルーラルツーリズムに見る農村女性のエンパワーメント」日本観光研究学会全国大会学術論文集 36，2021 年

白川村史編さん委員会編『新修白川村史　中巻』白川村，2008 年

土居隆行「新たな森林・林業基本計画と木材利用推進の施策概要」住宅と木材 515，2021 年

南木曽町誌編さん委員会編『南木曽町誌　通史編』南木曽町，1982 年

西野寿章「中山間地域農業政策の展開と課題」歴史と地理 578，2004 年

西野寿章「田園回帰現象の山村への波及に関する一考察」産業研究 56-1，2020 年

藤田佳久編著『山村政策の展開と山村の変容』原書房，2011 年

古川裕康「木地師木工品の生産と流通」林業経済 44-11，1991 年

松本直子『南木曾の木地屋の物語－ろくろとイタドリ』未来社，2011 年

村松保枝・赤坂　信「近世及び近代における木曽山の保護施策での妻籠宿伝建地区内の森林利用」ランドスケープ研究 73，2010 年

山田俊行「自然学校と地域の関わりについて－トヨタ白川郷自然學校の立ち上げを通して」野外教育研究 9-1，2005 年

第9章　漁業地域

1節　漁業地域の概要

日本の漁業の変遷

　江戸時代までの漁業は，主として沿岸漁業であったが，明治に入り，漁船の動力化が進むと，沖合漁業が発達していった。日清戦争，日露戦争を通じて日本が領土を拡大していく中で，国は遠洋漁業を奨励するようになった。そのために，さらなる先進的な動力船の導入や人材育成が進められていった。特に，日露戦争に勝利した後，ロシア領での漁業権を獲得したことで北洋漁業の発展は目覚ましかった（第5章）。

　しかし，第二次世界大戦での敗北により，漁業権益は大幅に縮小する。GHQの統治下においては，漁船の活動範囲は「マッカーサー・ライン」によって管理された。この活動範囲の規制は徐々に緩和され，サンフランシスコ平和条約締結によりマッカーサー・ラインは正式に廃止される。これ以降，再び遠洋漁業が進められていくこととなった。遠洋漁業の復活にともない，先述の北洋漁業の他，捕鯨，遠洋カツオ・マグロ漁業などが急増していった。

　カツオ・マグロ漁業は，戦後の復興が最も早かった部門の一つであった。戦前までは，カツオ一本釣りが中心であったが，戦後は，マグロはえ縄漁業が中心になっていった。土居（1968）によると，マグロの代表的な水揚げ港である静岡県の焼津港，清水港では，マッカーサー・ライン撤廃後に水揚げ量を急激に伸ばした。これらの漁港では，大型化する漁船に対応した漁港整備や冷蔵・冷凍施設の設置が進められたため，静岡県外に船籍を有する漁船も焼津港や清水港を水揚げ地とするようになった。後述する三重県南伊勢町（3節）の漁船も，船籍を南伊勢町の漁港に残しつつ焼津港や清水港で水揚げをしてきた。

　このような遠洋漁業も，1977年におけるアメリカ合衆国とソ連（現・ロシア）による200カイリ水域の設定により，縮小に向かうことになる。その後，沖合漁業が拡大し，1970年代末から1980年代にかけては，日本の漁業生産量の半分を沖合漁業が占めていた。しかし，沖合漁業の主要魚種であったマイワシの資源量が1990年代に入って急減したことで，沖合漁業全体も縮小傾向となった。沿岸漁業も緩やかな減少傾向にある。漁業全体としては，ピークであった1984年の1282万トンから，2018年には442万トンと約3分の1にまで減少している（図9-1）。

　以上のような漁船漁業が縮小してきたのに対し，割合は低いものの，養殖業は成長してき

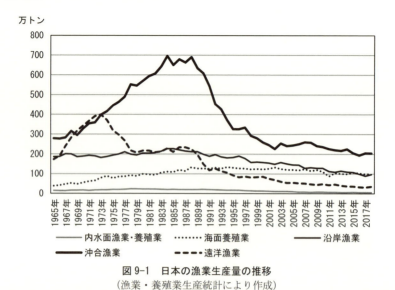

図 9-1　日本の漁業生産量の推移
（漁業・養殖業生産統計により作成）

た。1965年には，全漁業生産量の5.5%であったが，その後着実に上昇し，2018年には22.7%を占めるまでに至っている。1950年代までの養殖業は，真珠，カキ，ノリが大半であったが，1960年代にはブリ，1970年代から1980年代にはマダイなど，魚類の養殖も盛んになってきた。2010年代に入ると，クロマグロの養殖もなされるようになってきた。

漁業法の改正

　GHQによる戦後の民主化政策の一環として1950年に施行された漁業法は，漁業の発展や漁場の民主的な利用などを定めたものである。2020年に，この漁業法が70年ぶりに改正された。漁業法改正の背景には，日本の漁業生産量がピーク時の約3分の1にまで減少していること，漁業従事者の高齢化と新規就業者の減少が進んでいること，そして気候変動等による海洋環境の変化が水産資源の不安定化をもたらしていることなどがある。こうした状況を改善するために，「水産資源の適切な管理と水産業の成長産業化を両立させ，漁業者の所得向上と年齢バランスのとれた漁業就業構造を確立することを目指し」，漁業法が改正された（玉原，2020）。

離島の振興

　漁業活動の重要な場所の一つとなっているのが離島である。とりわけ，耕作地が少なく農業活動に不適な離島は，漁業に特化する傾向が強く，漁業が島民の重要な就業機会となっていることが多い（鳥居，2012）。しかし，日本の漁業が衰退傾向にある現在，漁業を産業基盤とする離島の経済状況は深刻さを増している。

　もともと離島は，全国的な交通ネットワークから外れることが多く，第1次産業以外の産業発展は進まない状況にあった。第2次産業を核とする戦後の復興政策においても，離島の多くはその恩恵を受ける可能性は低かった。そうした状況下の1953年に，離島振興法が制定された。海洋資源の利用や自然環境の保全等に重要な役割を担っているにもかかわらず，産業基盤や生

活環境の整備が進んでいない離島の状況を改善すべく制定されたものである。

　離島振興法に基づき，経済的，社会的に不利な立場にある離島が離島振興対策実施地域に指定される。指定された離島のある都道府県は，市町村によって作成される離島振興計画案をふまえて離島振興計画を策定する。それをもとに，離島の活性化のための様々な支援策が展開されることになる。漁業のみならず生活環境全般にかかわる振興計画ではあるが，漁業が産業基盤となっている離島においては，漁業振興の側面も有している。

沿岸地域の多様な利用

　海岸地域は，漁業活動だけでなく，レクリエーション活動としても盛んに利用されている。明治時代に病気治療の一環としてはじまった海水浴（小口，1985）は，その後娯楽に転換し，20世紀に入り鉄道交通が発達すると全国的に広まっていった。高度経済成長期には，ヨットやモーターボートが普及し，これらを受け入れるマリーナが急増した（佐藤，2001）。

　近年は，漁業の不振によって停滞する地域の振興策として，沿岸地域のさらなる観光地化，漁業における6次産業化を進める動きも活発化している。農林業地域におけるグリーンツーリズムに対し，漁業地域に滞在して行う余暇活動をブルーツーリズムと呼ぶことがある。都市で生活する者にとっては，農林業と同様，漁業も普段の生活ではあまり接する機会のない産業である。海や漁業に触れるブルーツーリズムを通じて，漁業や魚食への理解が進み，ひいては漁業の振興につながることが望まれる。

2節　茨城県大洗町－漁業と観光・レジャーの町

漁業の町・大洗町

　大洗町（図9-2）は，1954年に磯浜町と大貫町が合併して誕生した町である。古くから漁業の盛んな地域として知られる（写真9-1）。シラス漁が有名であり，大洗町の総漁獲量の7割以上を占める（表9-1）。橋爪・本多・坂本ほか（2016）によると，大洗におけるシラス漁は7～9月に最盛期を迎え，大洗市場における水揚金額もこの時期に最も高くなる。また，シラス漁獲量は茨城県内の市町村の中で最大を誇る。大洗町における漁業種類別漁獲量（表9-2）をみ

写真9-1　大洗漁港
（2024年筆者撮影）

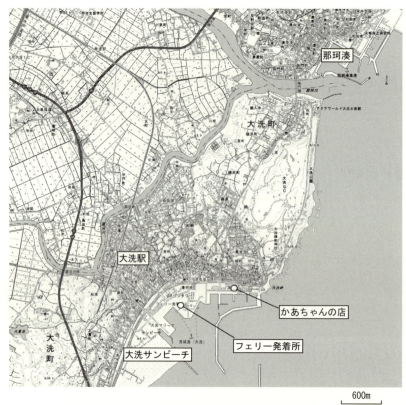

図 9-2 大洗町中心部とその周辺地域
（地理院地図により作成）

表 9-1 大洗町における主な魚種別漁獲量

	実数（トン）	割合（%）
いわし類	1,198	78.0
しらす	1,133	73.8
ひらめ・かれい類	70	4.6
たい類	54	3.5
貝類	87	5.7
その他の貝類	81	5.3
漁獲量合計	1,535	100.0

（2018年海面漁業生産統計調査により作成）

表 9-2 大洗町における主な漁業種類別漁獲量

	実数（トン）	割合（%）
船びき網	1,283	83.6
小型底びき網	215	14.0
採貝・採藻	12	0.8
漁獲量合計	1,535	100.0

（2018年海面漁業生産統計調査により作成）

ると，船びき網を使った漁獲量が最大であるが，これはシラスが船びき網漁によって漁獲されているためである。

　シラスほど漁獲量は多くないが，ハマグリ漁業も盛んである。表 9-1 では，貝類の漁獲量の大半が「その他の貝類」となっているが，ハマグリがその中心であると考えられる。大洗町が面する鹿島灘では，かつてからハマグリが漁獲されてきたが，1970年代以降減少してきた。現在は，鹿島灘漁協（鹿嶋市），はさき漁協（神栖市），大洗町漁協の輪番制で操業する体制をとっている。また，鹿島灘で採れたハマグリを外国産のものと区別するため，「鹿島灘ハマグリ」として商標登録し，ブランド化による高価格維持に努めている（小島・初澤・阿部ほか，2009）。

第 9 章　漁業地域　105

写真 9-2　かあちゃんの店
（2024 年筆者撮影）

写真 9-3　大洗港フェリーターミナル
（2024 年筆者撮影）

　大洗町漁協では，漁協直営の飲食店「かあちゃんの店」を 2010 年にオープンした。大洗町漁協女性部が中心となり，食事メニューや加工品等の開発にも取り組んでいる。昼間には，大洗港周辺を訪れる観光客で賑わっている（写真 9-2）

大洗港の誕生

　大洗町では，近代的な漁港を整備する必要性から，1950 年代に農林省（現・農林水産省）に対して陳情を行った。しかし，農林省は，大洗町の北に位置する那珂湊（図 9-2）を中心とする漁港整備計画を進めていた。そのため，運輸省（現・国土交通省）に対して商港兼漁港としての港湾整備を陳情するという方針にシフトした（大洗町史編さん委員会編，1986）。運輸省としても，これから本格的な高度経済成長がはじまろうとする中，北関東の太平洋岸において物流の拠点となっている港湾が少なかったことから，漁港だけでなく商港兼漁港としての大洗港を整備していく方針をとった。

　こうして，大洗港は 1958 年に地方港湾，1979 年には重要港湾の指定を受け，流通の拠点としての機能が付与されていった。重要港湾に指定されたことで，海上輸送網の拠点としての港湾整備が進められるようになった。この結果，長距離フェリーの発着が可能となり（写真 9-3），1985 年には，苫小牧航路と室蘭航路が開設された。こうして，東京を経由しない北海道―関東ルートが確立され，物流における東京（湾）の負担軽減にもつながった。大洗港は，2008 年に日立港，常陸那珂港と統合され，「茨城港大洗港区」となっている。

観光・レジャーの町・大洗

　大洗（旧磯浜町と旧大貫町）は，戦前から海水浴でにぎわう場所であった。現在の大洗サンビーチをはじめとする大洗町の砂浜は，北部の那珂川から流れ出る土砂が沿岸流によって運ばれて形成されたものである。土砂の量が豊富なため，美しい砂浜が維持されている。特に，大洗サンビーチは，海水浴場として人気がある。

　大洗が海水浴場として観光客を集めるようになった背景には，1922 年，水戸（浜田）―磯浜間に水浜電車（後の茨城鉄道水浜線）による路面電車が開業し，その後水戸の中心市街地ま

で延伸していったことがある。これにより，東京から常磐線で水戸へ，水戸から水浜電車で大洗（磯浜）へというアクセスが可能になった。観光客や海水浴客を対象とした土産物屋や旅館を中心とした集落が形成されていったのもこの頃である（大洗町史編さん委員会編，1986）。

　なお，水浜電車を引き継いだ茨城鉄道水浜線は1966年に廃止され，水戸とのアクセスは低下してしまったが，1985年に鹿島臨海鉄道大洗鹿島線が開業したことで，鉄道によって水戸と大洗が結ばれ，アクセスは改善された。さらに，北関東自動車道，常磐自動車道などの開通により，自動車でのアクセスも向上してきた。

　先述の通り，1979年に大洗港が重要港湾に指定されたことにともない流通機能が強化されたが，港周辺の整備はそれだけにとどまらない。1988年に大洗海浜公園と大洗マリンタワーが開業，1992年に大洗マリーナが供用開始，1994年に第4埠頭地区が竣工し旅客ターミナルビルが完成するなど，レジャー空間としての整備も進んできた（渡邊・阿部・伊藤ほか，2016）。また，大洗町は，2011年の東北地方太平洋沖地震による津波被害を受けたが，観光庁による「ブルーツーリズム推進支援事業」を受けて，大洗サンビーチの安全性PRを目的としたプロモーション活動を行ってきた。この結果，コロナ禍以後のインバウンド復活期における大洗町への観光客増加につながった。このように，大洗町は，漁業，流通，観光が調和した町として発展をみせている。

3節　三重県南伊勢町－カツオ・マグロ漁業と養殖の町

人口減少の進む漁業の町

　三重県南伊勢町（図9-3）は，2005年に南勢町と南島町が合併して誕生した町である。北は

図9-3　南伊勢町の主要地域
（地理院地図により作成）

伊勢市と接しており，伊勢市との境界部分の森林は，伊勢神宮の宮城林となっている。町の約6割が伊勢志摩国立公園に指定されており，良好な自然環境が保全されている。集落は，リアス海岸の湾奥に多く形成されており，ほとんどの集落が漁村としての性格を有する。1960年には人口32,071人であったが，急速に人口減少が進み，2020年には10,989人となっている（図9-4）。2020年の65歳以上人口割合は53.5％と，高齢化が顕著な町である。2020年の産業別人口をみると，第1次産業が19％と，

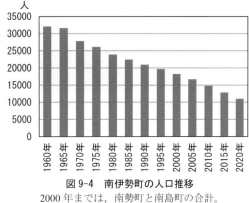

図9-4　南伊勢町の人口推移
2000年までは，南勢町と南島町の合計。
（国勢調査により作成）

三重県全体の3.2％と比べて著しく高い。第1次産業のうち73.8％が漁業であり，「漁業の町」と呼ぶにふさわしいことがわかる。

ミカン栽培の発展と現在

　南伊勢町で栽培されている代表的な農産物として，ミカンがある。「五ヶ所みかん」として知られており，山麓において栽培がなされてきた。五ヶ所地区では，すでに明治期からミカン栽培がなされていたが，本格的な増産体制は戦後になってからである。1960年代に入り，大規模なパイロット事業が実施され，耕作面積も大幅に増加していった。1970年代には，田の耕作面積を上回るようになった（南勢町誌編纂委員会編，2004）。もともと平坦地が少なく稲作に限界があるうえ，米の減反政策もあり，自治体としても稲作に代わってミカン栽培に力を入れてきた。

　しかし，全国的にミカンの過剰生産が進み，1970年代後半以降は縮小がはじまるようになった。こうした中，条件不利地では栽培が放棄され，残された栽培地において高品質化を進めた。とはいえ，平坦地が少ないためにハウス栽培への転換には限界があり，オレンジの輸入自由化も相まって，厳しい状況は続いている。

漁船漁業

　2018年海面漁業生産統計調査によると，南伊勢町の漁獲量（53,997トン）のうち，中・小型まき網漁が約72％（38,934トン）を占めている。中・小型まき網漁で漁獲されるのは，主にサバ，イワシである。サバ，イワシは南伊勢町の主要魚種であり，漁獲量に占める割合は，サバ類が約54％（29,110トン），イワシ類が約33％（17,791トン）となっている。これらの水揚げの中心は，奈屋浦漁港である（写真9-4）。奈屋浦漁港は，三重県内で最大の水揚げ量を誇っている。

　奈屋浦漁港をはじめ，南伊勢町の多くの漁港では沿岸，沖合漁業が中心であるが，宿田曽漁港（田曽浦）は，遠洋カツオ・マグロ漁業の基地として知られる。政府の遠洋漁業奨励策に合

写真 9-4　奈屋浦漁港
（2024 年筆者撮影）

写真 9-5　宿田曽浦港（田曽浦）
（2024 年筆者撮影）

わせ，20 世紀に入ったころから，南伊勢町域でも遠洋漁業が発達していく。当時は，田曽浦以外でもカツオ漁業は行われていたが，戦後になって，多くの漁村がカツオ漁業から真珠養殖へとシフトしていった。真珠養殖のための条件に恵まれなかった田曽浦は，他の漁村とは対照的に，カツオ・マグロ漁業に特化していくようになった（牧野，1996）。

なお，田曽浦では，カツオ・マグロの水揚げ量は多くない。この背景には，田曽浦の漁港としての設備が脆弱であり，遠洋漁業用の大型船による水揚げには適さないことがある。そのため，船籍は田曽浦としていても，母港は静岡県の焼津港である漁船が大半である。日本有数のカツオ・マグロ漁業の基地といわれながらも，普段の田曽浦がひっそりとしているのはそのためである（写真 9-5）。

養殖業

南伊勢町における養殖の歴史は古い。ノリについては，江戸時代からアオノリの生産がみられ，上等品として遠くまで販売されていたようである（南勢町誌編纂委員会編，2004）。戦後，佃煮などの需要の高まりとともに収穫量を増やしていったが，1980 年代以降は減少傾向にある。

真珠は，隣の志摩市とともに三重県内の主産地であり，志摩市に次ぐ収穫量（677kg，2018 年）を誇る。南伊勢町における真珠生産は，江戸時代にまでさかのぼるが，当時は天然真珠の採取であった。天然真珠は高価であったが，1893 年に御木本幸吉（ミキモトの創始者）が真珠養殖に成功したことで，量産化がはじまった（南勢町誌編纂委員会編，2004）。1960 年代以降，世界的な真珠の過剰生産によって価格の下落が進み，真珠養殖業は縮小していった。

これと入れ替わるように成長してきたのが魚類養殖業（写真9-6）である。三重県では，ハマチ養殖が1957年にはじまった（南島町町史編集委員会，1985）。当初は，真珠養殖からの転業や，真珠養殖漁家による収入増加の手段としてはじめられた部分が大きかった。その後，ハマチ養殖からマダイ養殖へとシフトし，現在に至っている。

写真9-6　贄湾に浮かぶ養殖筏
（2024年筆者撮影）

さらに2011年には，三重県漁業協同組合連合会などによって「ブルーフィン三重」が設立され，クロマグロの養殖がはじまった（松井，2015）。南伊勢町では，町内で生産された第1次産品もしくはこれらを原料として製造されたもののうち，ブランド価値の高いものを「南伊勢ブランド」に認定しているが，2013年には「伊勢まぐろ」が南伊勢ブランドに認定され，町を挙げてのPRがなされている。

4節　滋賀県近江八幡市沖島－琵琶湖に浮かぶ日本唯一の有人島

琵琶湖に浮かぶ沖島

沖島（写真9-7）は，琵琶湖最大の島であり，淡水湖にある有人島としては日本唯一である。行政上は，近江八幡市に属している。古くから漁業の島として知られており（写真9-8），漁獲高は，滋賀県内で最大を誇っている。主な魚種はアユ，エビである。近年，琵琶湖の漁業は，他業種への転業や漁業者の高齢化などにより大きく衰退してきている（香川，2013）。沖島も例外ではなく，漁業の衰退がみられる。漁獲高をみても（表9-3），1996年以降大幅な減少がみられ，とりわけアユの減少は顕著である。これは，琵琶湖における1990年代半ば以降のアユの資源量減少（滋賀県HPより）による部分が大きいといえる。

少子高齢化にも歯止めがかかっていない。沖島の人口は，1958年には812人であったが，その後減少を続け，2022年には239人となっている。また，2022年時点で，15〜29歳の若年人口割合はわずか4.6%であるのに対し，65歳以上の高齢者人口割合は65.7%と，少子高齢

写真9-7　沖島全景
（2024年筆者撮影）

110　第2部　農山漁村

写真9-8　沖島漁港
（2024年筆者撮影）

表9-3　沖島における魚種別漁獲高

	1986年	1996年	2007年	2021年
モロコ	61,974	81,248	13,469	5,751
イサザ	33,844	35,950	6,605	707
アユ	228,212	240,051	138,792	49,774
エビ	50,395	110,586	57,380	34,557
その他	64,438	136,951	105,971	74,664
総漁獲高	438,863	604,786	322,217	165,453

単位は千円。
（滋賀県『滋賀県離島振興計画〜第2期』2023年，により作成）

写真9-9　平坦地の畑
（2024年筆者撮影）

化が著しい（滋賀県，2023）。若者が離島し高齢者が残るという構図が容易に推察される。

　こうした状況から，2013年には，離島振興法（1節）に基づく離島振興対策実施地域に指定された。この指定にともない，滋賀県では，2014年に滋賀県離島振興計画を策定した。この計画に基づき，遊覧船の運航，地元の食材を使った料理等のサービス・商品開発，ファンクラブの運営，空き家活用など，地域資源を活用した取組みが行われた（益田，2016）。この結果，沖島を訪れる観光客は2014年以降増加し，2016年からコロナ禍直前の2019年までは毎年20,000人を超える水準を維持してきた。観光客だけでなく，さまざまな形で沖島に魅力を感じて関わる人々が増加してきた（滋賀県，2023）。

　これにより，島内では，従来から存在する飲食店のほか，洋服や小物を販売する店舗，カフェなどもオープンするなど新たな展開もみられる。また，琵琶湖で獲れた魚と，島内の畑（写真9-9）で採れた野菜などを使った料理を「沖島めし」としてPRし，島内の飲食店で提供されている。

沖島の生活

　平地が少ない沖島（図9-5）では，家屋の密集する集落が形成されている（写真9-10）。先述のように，漁業の衰退は進行しており，漁業以外に職を求める人は増加してきた。滋賀県

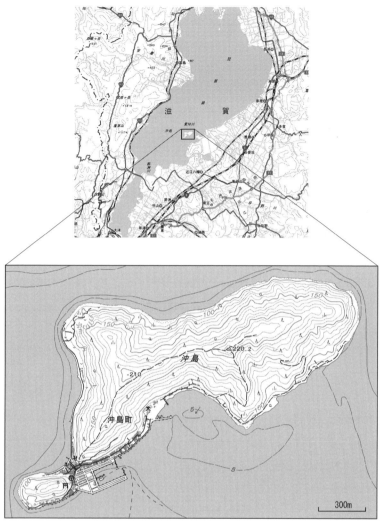

図9-5　滋賀県近江八幡市沖島の全体図
（地理院地図により作成）

（2023）によると，1980年に80％を超えていた第1次産業就業者が，2020年には50％を割り込んでいる。対照的に，第3次産業就業者は，1980年の約10％から2020年の約30％へと大幅に上昇している。先に紹介したような飲食店や小売店で働く人々の増加は，まさにこうした状況を裏付けている。

　割合の上昇してきた第3次産業就業者が，必ずしも沖島の中で働いている人とは限らない。沖島で居住しつつ，島外に通勤先や

写真9-10　家屋が密集する集落
（2024年筆者撮影）

表 9-4　沖島住民の通勤通学先

	実数	割合 (%)
近江八幡市内	80	88.9
自宅	51	56.7
自宅外	29	32.2
近江八幡市以外	10	11.1
合計	90	100.0

（2020 年国勢調査により作成）

表 9-5　沖島住民の通勤通学交通手段

	実数	割合 (%)
徒歩のみ	13	14.4
自転車	11	12.2
鉄道・電車・バス	7	7.8
自家用車	35	38.9
その他	24	26.7
合計	90	100.0

（2020 年国勢調査により作成）

通学先を求める人々も存在する。表 9-4 は，沖島住民の通勤通学先を示したものである（近江八幡市沖島町の町域は，島嶼部だけでなく本土側にも及んでいるが，本土側の町域部分には宿泊施設や沖島行きの乗船場があるだけであり，居住人口はほとんど存在しないとみなしてよい）。自宅での従業者の多くは漁業従事者に該当すると思われる。一方，近江八幡市以外に通勤通学する人はもちろんのこと，自宅外の 29 人の中にも，沖島以外に通勤通学している人もいると思われる。こうした人々は，船で本土側に渡っている。表 9-5 の通勤通学交通手段のうち，「その他」に該当するのがおそらく船であろう。「その他」の占める割合は 26.7％と，4 人に 1 人が船で本土側へ渡っていることになる。近江八幡市全体では「その他」の占める割合はわずか 1.3％であることから，船は，沖島の人々にとっては重要な移動手段になっている。なお，鉄道・電車・バス，自家用車などは，沖島では利用できないので，本土に渡ってから利用しているものと解釈できる。

　表 9-4 や表 9-5 の通勤通学者とは 15 歳以上の人々のことであるが，沖島には中学校が存在しないため，中学生による本土側への通学も存在する。以前は，近江八幡市立八幡中学校沖島分校として島内に中学校が存在したが，1964 年に八幡中学校に統合され，分校は廃校となった。これ以降，沖島に居住する中学生は，船で中学校へ通うことになった。

　島内には，小学校が 1 校存在する。沖島小学校は 1994 年に現在地に移転しており，跡地には，2022 年に「おきしま展望台」が完成し，新たな観光スポットとなっている。また，2008 年には沖島幼稚園が開園するなど，子育て環境の整備も進めている。

[参考文献]

大洗町史編さん委員会編『大洗町史　通史編』大洗町，1986 年
小口千明「日本における海水浴の受容と明治期の海水浴」人文地理 37-3，1985 年
香川雄一「琵琶湖沿岸域の変遷と漁業者に見る環境保全の役割」地域漁業研究 53-3，2013 年
小島　彰・初澤敏生・阿部高樹・井上　健・熊本尚雄「ハマグリ漁におけるプール制について－鹿島灘漁協，はさき漁協，大洗町漁協の事例」福島大学研究年報 5，2009 年
佐藤大祐「相模湾・東京湾におけるマリーナの立地と海域利用」地理学評論 74-8，2001 年
滋賀県『滋賀県離島振興計画〜第 2 期』2023 年
玉原雅史「水産政策の改革と漁業法改正」農村計画学会誌 39-1，2020 年
土井仙吉「マグロ遠洋漁業の発展と三崎・焼津・清水」人文地理 20-6，1968 年
鳥居享司「離島漁業の存立基盤の現状と課題」地域漁業研究 52-3，2012 年

南勢町誌編纂委員会編『改訂増補　南勢町誌（下巻）』南勢町，2004年

南島町町史編集委員会『南島町史』南島町，1985年

橋爪孝介・本多広樹・坂本優紀・麻生紘平・小林　愛・馮競舸・川村一希「茨城県大洗町における漁業者
　の活動からみた漁業地域の存続」地域研究年報38，2016年

牧野由朗『志摩漁村の構造』名著出版，1996年

益田卓弥「人口減少時代における離島集落の存続可能性の条件－滋賀県近江八幡市「沖島」の事例を中心に」
　龍谷大学大学院政策学研究5，2016年

松井隆宏　「大規模魚類養殖と地域社会－南伊勢町神前浦を事例に」地域漁業研究55-2，2015年

渡邊瑛季・阿部依子・伊藤瑞希・猪股泰広・王瑩・名倉一希・松原伽那・山下清海「茨城県大洗町におけ
　る海浜観光地域の継続的発展要因」地域研究年報38，2016年

著者略歴

稲垣　稜（いながき　りょう）
　1974 年生まれ．奈良大学文学部地理学科教授．
　主著：
　『郊外世代と大都市圏』ナカニシヤ出版，2011
　『現代社会の人文地理学』古今書院，2014
　『都市の人文地理学』古今書院，2019
　『日常生活行動からみる大阪大都市圏』ナカニシヤ出版，2021
　2012 年度に日本都市学会賞（奥井記念賞）を受賞．
　2014 年度に日本地理学会賞（優秀論文部門）を受賞．

書　名	**都市と農山漁村の地理学**
コード	ISBN978-4-7722-5358-1　C3025
発行日	2024 年 11 月 5 日　初版第 1 刷発行
著　者	稲垣　稜
	Copyright　©2024 INAGAKI Ryo
発行者	株式会社古今書院　橋本寿資
印刷所	株式会社理想社
発行所	**（株）古今書院**
	〒113-0021　東京都文京区本駒込 5-16-3
電　話	03-5834-2874
FAX	03-5834-2875
URL	https://www.kokon.co.jp/
	検印省略・Printed in Japan

いろんな本をご覧ください
古今書院のホームページ

https://www.kokon.co.jp/

★ 800点以上の**新刊・既刊書**の内容・目次を写真入りでくわしく紹介
★ 地球科学やGIS，教育など**ジャンル別**のおすすめ本をリストアップ
★ 月刊『**地理**』最新号・バックナンバーの特集概要と目次を掲載
★ 書名・著者・目次・内容紹介などあらゆる語句に対応した**検索機能**

古今書院

〒113-0021　東京都文京区本駒込5-16-3
TEL 03-5834-2874　　FAX 03-5834-2875
☆メールでのご注文は order@kokon.co.jp へ